★かんがえるタネ★

# 食べるとは<br>どういうことか

## 世界の見方が変わる三つの質問

藤原辰史



農文協

# この本を手にとってくださった方へ

はじめまして。藤原辰史《ふじはらたつし》です。わたしは大学で「食べること」や「農業をすること」の歴史を研究したり、それを論文や本で発表したり、教えたりする仕事をしています。

この本は、一二歳から一八歳までの八名のみなさんと一緒に、

**◎いままで食べたなかで一番おいしかったものは？**

**◎「食べる」とはどこまで「食べる」なのか？**

**◎「食べること」はこれからどうなるのか？**

という三つの問いについて、わたしが語ったり、みなさんとお話ししたりした記録をまとめたものです。

最初に言ってしまいますが、大学で講義やゼミをするよりも、ずっとむずかしいチャレン

ジでした。できるかぎり、かんたんな言葉でお話しなければならないからです。普段、いかに自分は研究者のあいだでしか流通しない言葉に頼っていたのか、しかも、その言葉をどこまで深く追究してきたのか、反省させられました。

これまでも「食の思想」や「食の哲学」というテーマでは、さまざまな場所で語ってきました。本文にも登場しますが、それについてまとめた本も何冊か書いています。

**コメント……1**
最近では、赤坂憲雄《あかさかのりお》さんの『性食考』（岩波書店、二〇一七年）や檜垣立哉《ひがきたつや》さんの『食べることの哲学』（世界思想社、二〇一八年）など、生きものを食べることや殺すことについて、比較的とっつきやすい題材から考えていく本も出版され、今後ますます議論が深まっていくと期待できます。

ですが、ここまで年齢も、知識も、興味の対象も違うみなさんが集まって、全員が平等に議論しあうことはできるのだろうか。始まるまではとても不安だったことを覚えています。読んでいただくとわかりますが、そんな心配はまったく必要ありませんでした。

わたしが人前でお話をするときは、いつもアドリブが中心です。だからもし、その日の議論が低空飛行だったとしたら「まずいな」と思いながらも、必死になってわたしがヒントを出しつつ、言葉を引き出そうとしたでしょうけれど、実際やってみると、みなさんが決まり切った「正しい」と思われる社会通念ではなく、自分自身で感じたり考えたりしたことを話してくれて、それによって対話の渦のようなものができつつある過程や、それをわたしなりに回転させていった「ライブ」の様子が、この本の中にはつぶさに記録されています。

知的興奮というのは学問の基本であり、いのちですが、きわめて原始的で動物的な感覚でもあります。意識的に興奮させるというよりは、自分でも意外に思うような「興奮する自分」を発見してもらいたいと、わたしは思っています。

とことん考え抜こうとする人はすべて、子どもも大人も哲学者の卵です。安易に「検索」に頼らず、シンプルな目線で、言葉を大切にしながら、ものごとの芯の部分を見抜く試みを続けること、つまり「考え抜くこと」は人間にとってとても大切な行為です。そうしないと、世の中の仕組みを表面的にしか理解せず、簡単に「えらい人」にだまされやすくなります。

そして、途中で少し触れますが、「食べること」の裏側には必ず、「飢《う》え」というキーワードが対になってでてきます。中学生や高校生、小学生のみなさんはおそらく、飢えを経験したことはないと思います。わたしもそれは変わりません。

でも、この本をまとめながら「なぜわたしは『食』に興味をもったのだろう」と繰り返し立ち返ることができました。そのうちの一つ、しかも重要な一つは、「自分はずっと、政治的な出来事のゆえに人間たちが飢えた歴史に関心を抱いてきた」ということです。

学校で教えてくれる歴史の教科書の裏側には「腹が減ってはいくさはできない」「おなかが減ると仕事ができない」というような、根本的な人間の感覚があり、第一次世界大戦と第二次世界大戦という二つの大きな戦争に飢餓とそれへの恐怖が深く関わっていたことに気づいてから、わたしは、「食べる」という現象にとりつかれていきました。そのことを、小学生から高校生の参加者たちと話すなかであらためて自覚しました。

この本を手にとってくださった方は、本書を読むことで、毎日欠かすことのできない「食べる」行為の奥深さを参加者と一緒に感じていただければさいわいです。

それでは、議論をはじめましょう。

# 目次

# 登場人物紹介

**コーセイ（12歳）**……一番おいしかったものは「特別な日にお母さんがつくってくれた新じゃがのフライドポテト」。サッカーが得意。

**シュンスケ（12歳）**……一番おいしかったものは「家族と食べるお好み焼き」。お弁当にも持っていくくらいすき。

**リョウタロー（14歳）**……一番おいしかったものは「家の畑でなっていたキュウリに味噌をつけて食べる」。シンプルでクールな発言が光る。

**そら（15歳）**……一番おいしかったものは「自分で種を採って育てているトマト」。小学生から筋金入りの農業少年。

**ユータ（15歳）**……一番おいしかったものは「お寿司の中トロ。ありのままの姿、ありのままの味で食べるから」。達兄とは兄弟で参加。

**ケイ（17歳）**……一番おいしかったものは「お父さんがつくってくれた、マグロの漬け丼」。朝ごはんとお弁当は自分でつくる。

**アヤ（18歳）**……一番おいしかったものは「東日本大震災後の夏休みに泊まった岩手の民宿で食べた、前沢牛のステーキ」。農学に興味あり。

**達兄（18歳）**……一番おいしかったものは「小学校高学年のときに食べた、アゴだしの味噌汁」。議論のまとめ役。

**フジハラ（41歳）**……一番おいしかったものは「じいちゃんの三輪トラックの荷台に乗って食べた焼きトウモロコシ」。「食べること」を考える人であり、今回の先生役。

# この本ができるまで

本書は、2018年3月27日開催の座談会「藤原辰史先生と語る『食べること』『生きること』」（共同企画：パルシステム、農文協）で収録した内容をもとにまとめています。

登場人物である8名の参加者は、パルシステム組合員・職員の家庭のお子さん（中学生・高校生限定）から募集し、会場もパルシステムより提供をいただきました。

昼食の時間には、参加者全員で産直米のおにぎりを握り、豚汁を食べながら、3時間にも及ぶ熱いトークが繰り広げられました。

パルシステムは、首都圏を中心とする12都県へ食材などを宅配する生活協同組合のグループです。米や野菜、肉のほとんどは、生産者と消費者が生産方法などを話し合い、ともにつくる産直品です。

生産者とは、農薬の使用をできるだけ減らした土づくりや、休耕田を利用した飼料用米の生産、畜産副産物によるバイオマス発電など、資源循環型で持続可能な農林水産業を目指しています。

交流イベントも活発で、年間2万人近い利用者が産地を訪問しています。農業体験ツアーや料理教室は、特に人気です。

こうした取り組みは、政府による「ジャパンSDGsアワード」でSDGs推進副本部長（内閣官房長官）賞を受賞するなど、国内外からの評価も高まっています。

座談会当日のようす（撮影：疋田千里）

【第一の質問】

# いままで食べたなかで
# 一番おいしかったものは？

【解説】
1
フジハラから、
第一の質問について

# なかなか言葉にならない「あの時のおいしさ」のこと

## ★「おいしい」は一筋縄ではいかない

わたしは、食の歴史について大学で講義するとき、最初に「いままで食べたなかで一番おいしかったものは何ですか?」と質問することが少なくありません。一五分くらい時間をとって、配った小さな紙に、名前と所属、出身地、そして食べものとその理由について自由に書いてもらいます。書いてもらったら紙を全部集めて、そこから無作為に抽出し、それをわたしがみなさんの前でゆっくり読み上げます。ほとんどの場合、書いてあることでは十分ではないので、「これはどういうことですか?」「どんな天気でしたか?」「どんな味でしたか?」という追加の質問をして、補足説明をしてもらい、もっとたくさんの情報を引き出します。

いままでの経験でとりわけ心に残っているのは、京都造形芸術大学の講義に呼ばれて、学生にそのアンケートをお願いしたときでした。

**コメント……2**

これは、京都造形芸術大学で講義をさせていただいたとき、「いままで食べたなかで一番おいしかったもの」という質問に対し、稲垣公介さんという学生が描いた絵です。「ＢＢＱが成功したという理由だけでおいしく思えた」というコメントにあるように、お皿の上にある肉と野菜の絵の素朴さがかえって、いろいろな思いを呼び起こします。

1回生　稲垣《イナガキ》公介《コウスケ》
友達とBBQした時の肉
高2の時にやったBBQ
味はあまり覚えてない
BBQが成功したという理由だけで美味しく思えた。
天気も良くて青春した実感があった。

その講義の担当教員であった画家の東島毅《ひがしじまつよし》さんには、絵の具や色鉛筆、大きめの短冊のような白い紙と、同じ形のトレーシングペーパーを前もってご準備いただいていました。地べたに座った学生たちはその紙に、文章だけでなく、自由に絵を描きました。どれもが素晴らしい出来栄えで、みなさん芸術大学の学生だけあって絵がうまく、見ているだけでお腹が減りそうな短冊が並びました。これを記念として全部いただきましたが、いまでも宝物として

大事に保存しています。

では、なぜ、こんな質問を？　四歳児でも答えられそうな単純な質問を、どうしてわざわざ大学の学生に投げかけるのでしょうか。大学に入れば、もっと論理的なディベートや有意義な概念装置を学べるかと思い、入ってきたばかりの新入生にとっては、肩透かしを食らうような馬鹿げた質問のように聞こえるかもしれません。

しかし、実際に考え始めると、たった一五分では、答えるのがとても難しい質問であることがすぐにわかります。なぜでしょうか。

それは、一つ日に、「おいしい」とは何か、どんな気持ちをあらわす言葉なのか、一言で説明しづらいからです。「一番おいしい」ものを自分の記憶のジャングルから探り当てるには、まずおいしさの基準を自分なりに確定しないといけません。しかし、なかなかつかみどころのない感覚の基準を設けることは難しいのです。

二つ目に、これまで食べたものがあまりにも多いので、そのなかで一つだけ選べと言われても、なかなかできません。単純計算で、一日三食二〇年とすれば、二万一九〇〇回です。二万一九〇〇回をすべて吟味し、そのうえで一回を選ぶのは、絶対にできません。これまで「母乳」や「離乳食」と答えた人が誰もいなかったように、記憶にないものは選びようがありませんが、考えれば考えるほど思い出がよみがえり、一五分ではその全部を思い出すことは不可能です。ある程度で思い出すことを止め、印象の強いものを選ぶほうが無難ですし、受講生たちもそのように考えているようです。

三つ目に、おいしい理由も単純ではないからです。おいしい、という感情は複雑で、とても一言では説明し尽くせません。それでたくさん書こうとするのですがタイムオーバーになってしまいます。

四つ目に、みんなの前で名前もきちんと公表したうえで発表されるとなると、書くときに気を遣《つか》います。親友が同じ講義に出ているとなおさらそうかもしれません。また、おいしいものを食べて感激した記憶があまり思い出したくない過去とつながっていることもあるでしょうし、逆に、人前でしゃべるより、自分の記憶のなかに大事に仕舞っておきたいと考える人もいるでしょう。わたしも、以上のようなことまで詮索《せんさく》したいとは思っていませんし、たとえ本命の食べものではなくても、講義という空間のなかで生まれる発言として大事に扱っていたつもりですし、これからもそうしていきたいと思っています。

そんなわけで、いままで食べたなかで一番おいしかったものは何ですか、という質問に答えるのには、かなりハードな脳の運動を必要とするのです。

## ★「おいしい」の三つのカテゴリー

さて、では、これまで、全国各地の学生にしたこの質問の答えがどんなものであったか、ざっと振り返ってみたいと思います。大きく分けて三つのカテゴリーに分けられると思います。

第一に、「お母さん」が登場する回数が多いこと。たとえば、久しぶりに実家に帰ってぐっすり寝て、その朝に食べた母親の味噌汁、という下宿生の答えもありました。長く病気で入院していて、あるいは、風邪をこじらせていて、治ったときにお母さんがつくってくれた料理という答えもありましたが、より目立ったのは、普段つくってくれていたものを久しぶりに食べるという状況でした。このカテゴリーの変形ヴァージョンとして「おばあちゃん」が登場することも少なくありませんでした。おばあちゃんは料理が本当に上手だった、と記憶する学生は、たまにおばあちゃんの家に行き、そこでおばあちゃんが振舞ってくれる郷土料理、または梅干しや味噌を思い出す人もいます。「お父さん」を挙げた人は、わたしの記憶では一人だけだったと思います。その学生は、お父さんはとにかく料理上手で、休日につくってもらうのが楽しみだった、と振り返っています。

第二に、特定の「店」です。とくに、ラーメン屋が多いです。どうやら、ラーメンは比較的安価で満足でき、食べる回数も多く、麺のこし、スープの味など、比較する項目が明確であるためか、ラーメンに一家言《いっかげん》もつ学生は少なくありません。また、旅行中に家族で訪れた「店」というものも多いです。多くの場合は一回限りですが、とれとれのイカの刺身や肉料理など旅行先の名物を挙げてくれるので、出張の多いわたしもついついメモをとってしまうくらいです。京都に住むようになってからわたしもお気に入りのお店を見つけ、常連になっているところもあります。そういうお店は、食べに来た、というよりは、帰って来たというような雰囲気で、気持ちが落ち着きます。

第三に、状況依存型であることです。たとえば、登山して頂上で食べたおにぎりとか、友達とキャンプに行って、そこで食べたバーベキューとか、陸上競技の厳しい練習のあとに飲んだ水とか、そんなことを答えてくれる学生もいました。学生ではなく、先生でしたが、「出産したあとの一杯の氷水」という方もいました。さきほども挙げたように、病気のあとの普通の料理とか、病気中のおかゆ、という学生もいました。どういうことかというと、特別な食べものではないにもかかわらず、自分が追い込まれている状況によって、その味が強烈に感じられる、というものです。中学校、高校のときわたしが所属していたソフトテニス部では、まだ練習中に水を飲むことは許されていませんでした。炎天下でのハードな練習が終わったあと、体育館に走って、給水機の冷たい水を吸うように飲むあの瞬間は至福でした。一杯の水でも和牛のステーキに匹敵するようなご馳走になるのです。

ほかにも、おいしかったものはない、とか、いまさっき食べた学生食堂のランチ、とか、白いご飯（結構います）とか、少し変わった答えを書いてくれる人もいて、わたしはその答えを読んで大いに楽しんでいるのですが、そろそろ本論に入りましょう。

## ★「食べる」はネットワークに絡めとられている

以上の事例から理解できるのは、「食」を思考することの深遠さです。食とは、学問の世界にとってみれば、卑近なもの、下世話なもので考察に値しないというイメージがつきまといますが、わたしはそうは思いません。「食」について考えていくと、まるで深い森のなかを迷うような、または、異国の狭い路地をさまようような、そんな不安感と冒険心がごちゃまぜになった感覚に襲われます。その理由として、わたしはつぎの三点を挙げたいと思います。

一つ目に、「食べる」とは、その瞬間の満足で終わらないということです。それまでの準備の時間があって、それを食べたあとの余韻があります。時間的には「食べること」とは一瞬で終わることではなく、ある程度の時間のなかの持続的な営みであるということがわかります。

二つ目に、「食べる」とは、一人ぼっちで完結する行為ではないことです。このアンケートには、非常にたくさんの人々が登場します。母親、父親、祖父母、兄弟、恋人や友人もいます。それだけではありません、一人ぼっちの場合もあります。しかし、それは本当に一人かというとそうではありません。ラーメン屋では、ラーメン屋の主人も隣の客もいるはずです。下宿で一人こもって食べていたとしても、その食材はどこかで仕入れていています。ただし、このような事例は稀有《けう》です。「おいしかったもの」の記憶には、他人が絡んでくることが圧倒的に多いのです。

三つ目に、「食べる」とは、味覚だけでなく、さまざまな感覚が一緒に働く行為だからです。わたしがこの質問を学生に投げかけるとき、少なからぬ学生たちはとてもよくおしゃべりしてくれます。いろいろな人、いろいろな感覚、いろいろなにおい、いろいろな建てもの、いろいろな天気、こういったものが、「食べもの」と不可分に結びついているからです。

つまり、食べることとは、いろいろな関係性の網の目のなかに絡めとられているもので、とてもその一瞬だけを切り離すことができない行為なのです。「おいしい」という感覚も、たとえば、栄養学の教科書の説明でも、料理研究家の言葉でも、テレビのグルメ番組のコメントでも、十分に表現尽くすことなどできません。学生たちのように、あのときの「おいしさ」は、なかなか言葉にならないのです。言葉にならない領域に一つずつ言葉を積み上げていく。これはみなさんが学校で取り組んでいる学問の基本的な営みですが、食について考えるときにも欠かすことのできない心構えです。

さらにいえば、学生たちは、この講義のあいだ、別の学生たちが語る言葉に耳を傾けます。午後の眠い時間であっても、わたしの講義を聞いているときより、ほとんどの学生の目が爛々《らんらん》と輝いています。わたしは、大学教育において、教師の話を聞くことよりも、ともに学んでいる学生の話を聞くことのほうが本質的に大切であるという信念をもっています。この質問とそのあとの補足説明は、耳を澄ます学生のまえで、聞き手のリアクションを先回りして感じつつ、柔軟に変化をさせながら、何事かを語る重要な訓練の場でもあるのです。

以上のようなことを知ってもらうために、わたしはわざわざこんな質問を学生に投げかけているわけです。みなさんも、ぜひ、まずはご自分に、つづいて近くの誰かに問いかけてみてください。いつのまにか、思考のジャングルに迷い込みますよ。

【対話】
1
参加者との
ディスカッション

# 自分たちのあたりまえを考える「哲学」について

## ★歴史研究という仕事

〈フジハラ〉 みなさん、はじめまして。まず、わたしが自己紹介をします。そのあと、みなさんにも自己紹介をしてもらいます。

わたしは京都大学の人文科学研究所というところで働いています。何を研究しているかというと、歴史を研究しています。

どういう研究かというと、たとえば、わたしはドイツという国の歴史を研究しているのですが、ドイツの政治や経済や文化の史料がたくさん眠っている建てもので、史料をたくさんコピーして、整理して、それを読んだうえで、「あ、これはこういうことだったのか」という発見を物語にして、文章にするということをしています。

つまり、わたしの仕事は、歴史の論文を書いたり、歴史の本を書いたりすること、それから、ほかの研究者の方と一緒に研究会をすることです。わたしが最も得意としている技術は何かというと、史料の「コピー」です（笑）。膨大《ぼうだい》な資料、冊子あるいは紙ペラを、ひたすらコピーをしていくという手の動き。これはもう、たぶん、京都大学のなかでも上位にランクインされる自信があります。あと、研究者仲間と一つの報告をめぐって、ああでもないこうでもないと議論することもとても好きです。

それから、本を読むことが好きなんですよ。だけど、家のソファに寝転がって読むと、三分で寝てしまうことも結構あります。これもわたしのもう一つの得意技ですね。

それから、わたしにとって大事なのは、昼ごはん。勉強していると、だんだんお腹が減ってきますよね。お腹が減ってくると、「今日のお昼、何を食べようか」と考えます。京都大学のまわりにはおいしくて安い定食屋さんがたくさんあるのですが、「今日はあそこにしよう」と考えて、お昼ごはんを食べて、そしてまた帰ってきて、史料を整理したり、勉強したり、研究会に出て議論したりする。そういうふうに研究をしています。

では、研究の内容はどういうことかというと、今日のテーマにかかわるのですが、食べものとか農業とか、みなさんにとってとても大事なことだと思うのですが、その歴史を研究しています。

たとえばいままでやった研究のなかではどういうものがあるかというと、台所の歴史。おうちに台所はありますか？　もちろんありますよね。台所にはどういうものがありますか？

**〈リョウタロー〉**　包丁。

**〈フジハラ〉**　包丁、まな板、それから？　じゃあ、コーセイさん。台所にはどういうものがありますか？

**〈コーセイ〉**　お皿。冷蔵庫。

**〈フジハラ〉**　シュンスケさん。

**〈シュンスケ〉**　食洗機《しょくせんき》。オーブントースター。コンロ。

**〈フジハラ〉**　ユータさん。

**〈ユータ〉**　フライパン。

**〈フジハラ〉**　フライパンはだいたいどこの家庭にもあるよね。

ところでわたしは、台所がどういう歴史をたどってきたのかという、歴史の本を書いたことがあります。

**コメント……3**

『ナチスのキッチン――「食べること」の環境史』（共和国、二〇一六年に〔決定版〕刊行）は、わたしの三冊目の本で、とても思い出深い本です。一九世紀中頃から二〇世紀中頃にかけての一〇〇年のドイツ台所史を辿ってみました。台所に人生を捧げた三人の女性にスポットを当てて書きましたが、三人ともナチスの暴力のなかで命を失ったり、深い傷を負ったりしています。台所という空間がもつ深遠さを彼女たちが教えてくれました。ドイツの古本屋をまわったり、全国各地の図書館で本を借りたり、資料収集やノート取りに時間がかかって、いったいいつこの研究は終わるのだろうかと不安に駆《か》られながら仕事をしていました。

さっきみなさんが答えてくれたように、冷蔵庫、コンロ、シンク、すべて揃っているよう

なシステムキッチンがどのようにうまれて、どのように人々の間に普及してきたのかということを研究したことがあります。

これでわかったのは、システムキッチンというのは、実はつい最近、といっても一〇〇年くらい前にできたもので、それまでは、台所というのは、いま、みなさんがイメージしているような台所ではありませんでした。いろいろな博物館に行ったり、古い史料を見たりして、数百年もまえの台所のことを調べてみると、ガスも電気もありません。天火だったり、窓が小さかったり、ススが舞っていたり、煙がモクモクしていたり、けっして衛生的ではなかったけれど、暖炉や、いまでいう照明器具も台所が兼ねていたということがわかって、人が自然に集まる場所でもあったことがわかりました。

## ★三輪トラックの荷台で食べたトウモロコシは最高！

〈フジハラ〉 では、これからみなさんに、お名前と、自己紹介と、事前のアンケートに書いていただいていると思いますが、「いままで食べたなかで一番おいしかったもの」と「その理由」をしゃべっていただきます。アンケートに書いたことを読んでもらって、あるいはそれにプラスして、自分で思ったことを論じてもらいます。

まず、何でこういうことをするのかということをお話ししますね。そして次に、わたしがいままで食べたなかでおいしかったものについて説明します。順にしゃべってもらいますので、みなさん、答えを頭の中にイメージしておいてくださいね。

どうして「いままで食べたなかで一番おいしかったもの」についてアンケートを最初に書いてもらったかというと、これはわたしが京大文学部の講義でやっていることなんです。「食と農の現代史」という講義なのですが、そこでやっていることを、高校、中学、小学生のみなさんとやろうと思います。つまり、あらかじめみなさんにアンケートをとってもらったのは、おしゃべりを楽しむという目的ももちろんあるのですが、それ以上に、学問的な話をこのアンケートをつかってやっていきたいからです。

では、まずわたしからお話しますけれども、わたしはいま、四一歳です。中高生のときには島根県の米作農家で育ちました。いままで食べたものでおいしかったものは本当にたくさんあります。各所でそういうインタビューを受けて、それぞれ違う答えを言っているのですが、今日は、朝、パッと思いついたお話をすると、おじいちゃんがよく孫を「パッカー」という乗りものに乗せて、田んぼや畑に連れていってくれたんです。パッカーというのは、どういう乗りものか知ってる？　おじいちゃんおばあちゃんが農家という人はいないかな。そうか、みんな都会っ子だね。

前方の運転席に人が乗っていて、後ろの荷台にワラなどの荷物を積んで走る三輪トラックです。前輪が一輪車で後輪が二輪車になっていて、これに乗っていろんなところに連れていくのですが、荷台が空のときに、ここに乗るのがわたしの楽しみだったんです。ここに乗るとテンションが高くなって声を上げることもあります。で、ここに孫が乗って、おじいちゃんも楽しんでる。

このときに、「せっかく乗るんだから」というこ

三輪トラック・マツダ号 GA 型（写真提供：福山自動車時計博物館）

とで、おじいちゃんがそこの畑でとれたトウモロコシをポキッともいで、醤油を塗ってコンロであぶって、それをガリガリ歯で削って食べながらパッカーの荷台に乗って、畑や田んぼに行ったりしていたんです。パッカーというのは何を載せるかというと、堆肥《たいひ》、つまり牛のウンチを載せる場所です。そういうにおいを嗅《か》ぎながら、トウモロコシをガリガリかじるという思い出が、わたしにとっては結構印象に残っている。草やワラのにおいと、田んぼのいろいろなにおいとともに、こんな夏の思い出がよみがえります。

ということで、みなさんにそれぞれアンケートに答えてもらったことについてお話してもらいましょう。まず、そらさんからお願いします。

## ★自己紹介① そらさんの場合

**〈そら〉** おはようございます。そらです。年齢は一五歳です。出身は、東京のここからちょっと離れているんですけど、羽田空港の近くの大田区というところです。参加のきっかけは、農文協から『のらのら』という雑誌が出ていたんです。それが惜しくも休刊になったんですけれども、それに出させていただいたりしていたので……。

**コメント……4**

農業大好きな少年少女（のらぼーず＆のらがーる）を育てるという、日本で唯一の少年少女向け農業雑誌（農文協、二〇一七年夏号をもって休刊）。特集は「植物パワーをミカタに！　つくろう　魔法の液体」「食べるぞ！　春の草」「やるぞ！　開墾」「土着菌をつかまえろ！」「おひさまオーブンで干し野菜！」「技あり！夢あり！　ぼくらの菜園プラン」など。

**〈フジハラ〉**　へえー、そうなんですか。

**〈そら〉**　そういう関係もたまたまあったんで、来ました。食べたなかで一番おいしかったのは、それに関係するのですが、種を採《と》ってトマトを育てているんですけど……。

**〈フジハラ〉**　自分で種を採っているんですね。

**〈そら〉**　はい。栽培もいろいろやっているんですが、トマトって、最近はいろいろな品種がでまわっていますけど、そこから種を採っていくと、だんだんその土地に適応して植物が変化してくわけで、いっぱいトマトをつくったとして、たまたまおいしいと思ったヤツの種を採ってまたそれをまいていくと、だんだん自分の好きな味になっていくじゃないですか。年を重ねるにつれ、だんだんおいしくなっていくという……。

**〈フジハラ〉**　何年くらい続けたんですか？

**〈そら〉**　七年くらい。

**〈フジハラ〉**　七年も続けたの！　これって、まさに品種改良ですね。日本でいえば、農業試験場という組織や種子の企業でやっているようなことを、あなたは自分でやったわけですね。

**コメント……5**

『稲の大東亜共栄圏――帝国日本の〈緑の革命〉』（吉川弘文館、二〇一二年）は、わたしが書いた四冊目の本です。アジア・太平洋戦争の時期、日本が東アジアや東南アジアに勢力圏を広げていた頃、一人の育種研究者が「稲も亦《また》大和民族なり」とエッセイに書きました。日本で品種改良された稲は、胴体が短く、どっしりしていて、まるで「大和民族」のようだが、それがちょうどアジア各地に広まることを期待して発せられた言葉でした。この言葉を

きっかけに、二〇世紀の前半に日本やその植民地のコメの品種改良がどのようになされたかを追った本です。シンポジウムや国際学会で、海外の研究者の友人からたくさんの意見をもらったおかげで書けた本です。

**〈そら〉** 交配はしていないんですけど、自分で採りつづければ品種改良になるわけで。

**〈フジハラ〉** 純系淘汰《じゅんけいとうた》ですね。へえー。

**〈そら〉** そんなことをやっているので、一番おいしかったものは「自分で種を採って育てたトマト」と書いてあるんですけれども。毎年夏に、一番おいしかった味が更新されていくという……。

**〈フジハラ〉** なるほど。そのトマトが一番おいしいということですか。

**〈そら〉** はい。そういう感じです。

**〈フジハラ〉** いきなりヘビー級の答えが返ってきて（笑）、わたしはタジタジですけれども。そのトマトの味は、スーパーで売っているトマトとどう違いますか？

**〈そら〉** たとえば、自分は中玉トマトが好きなんですけれども、その種をずっと採っていくと、ベチャっとしたトマトがあって。ああいうのがイヤなので、あまりベチャっとしない、なかが固いだけのトマトの種をずっと探っていくと、ベチャっとするのが減るんです。それをずーっと更新するという。

**〈フジハラ〉** そうやって自分のテイストに合ったようなトマトの種を。そうか。わかりました。ありがとうございます。自ら種を採り続けたトマトというのが、一番おいしかったということですね。

はい、次はケイさん。

## ★自己紹介② ケイさんの場合

**〈ケイ〉** ケイです。年齢は一七歳。出身地は千葉県柏市です。参加のきっかけは、フジハラ先生の『カブラの冬』を読ませていただいたことです。面白そうだなとおもって。

**コメント……6**

『カブラの冬――第一次世界大戦期ドイツの飢饉と民衆』（人文書院、二〇一一年）は二冊目の本で

す。職場の京都大学人文科学研究所で「第一次世界大戦の総合的研究」という大きなプロジェクトが始まり、その研究成果の一つとして書いた本になります。この研究によって、第一次世界大戦時に、イギリスの海上封鎖や国内の食糧配給制度の混乱で、ドイツで大規模な飢《き》餓《が》が発生していたこと、そしてその飢餓の記憶をナチスが利用したことを知り、歴史の裏には必ず飢えの問題があるということを意識するようになりました。

**〈フジハラ〉** ええええー！　驚きました。それはありがとうございます。それはどこで、誰に勧められて手に入れたんですか？

**〈ケイ〉** 図書館でお母さんが借りてきて。

**〈フジハラ〉** お母さんによろしくお伝えください（会場笑）。

**〈ケイ〉** 戦争の食卓というか、戦争と市民の生活みたいなもの、まず戦争映画が好きなので、戦う人じゃない人たちってどういう生活をしていたんだろう？　ということが気になったので、読んで、「ああ、そうなんだ」というのをすごい感じたんで、参加してみようかなと思いました。

〈フジハラ〉 とてもうれしいです。

〈ケイ〉 「一番おいしかった食べもの」は、ここ最近だと、お父さんがつくってくれた、マグロの漬《づ》け丼です。お父さんがいつも晩ごはんをつくってくれるんですけど、お寿司屋さんで漬けの握りを食べて、すごくおいしくて、「これ、もう一回食べたいな」ってずっと言ってたら、家でつくってくれて。

〈フジハラ〉 お父さんが。

〈ケイ〉 はい。ここ最近で、すごいおいしかった。

〈フジハラ〉 これはちょっと複雑な質問ですけれど、それがおいしかったら、お寿司屋さんに行けばいいじゃない。なんでお父さんが再現してくれたもののほうがおいしいの？

〈ケイ〉 いや。お父さんのほうが、たぶんうまくつくってくれる。

〈フジハラ〉 お寿司屋さんより？

〈ケイ〉 マグロの漬け丼は阿見（茨城県阿見町）のアウトレットのお寿司屋さんで食べたん

ですよ。千葉に住んでいるので、もう行くのが遠いし、めんどくさいというのがあって、「つくってほしい」と。

**〈フジハラ〉** お父さんは料理上手でいらっしゃるんですね。じゃあお父さんに料理を教えてもらったりしてるんですか？

**〈ケイ〉** いや、教えてもらってはいないんですけど、朝ごはんとお弁当は自分でつくってます。

**〈フジハラ〉** 自分でつくってる。なんだかレベルが高い人しかここに来てないですね、おそろしいですね（笑）。そのマグロの漬け丼は、お父さんがマグロの漬けのお寿司じゃなくて漬け丼で並べてくれて、それが寿司屋さんのよりもおいしかったというのは、とても印象的なお話でしたね。ありがとうございます。

あとでまた話そうかと思いますが、さっきお話に出た『カブラの冬』という本。この本のメッセージは、食べものを考えるうえで重要なことは、おいしい食べものが「ある」ということだけじゃなくて、「ない」ということ。

**コメント……7**

飢えから歴史を考える、ということはとても大切な作業です。なにより、人類の基本的な営みは、「飢えない」ためになされているわけですから。現代社会のように食べもので溢れている時代には、「飢える」ということは忘れがちです。しかし、現在、なおも飢えて苦しんでいる大人たちや子どもたちがたくさんいますし、日本でも給食が唯一のまともな食事であるという子どもが少なくありません。第二次世界大戦では、ナチスは、ユダヤ人やスラブ人を飢えさせて、食糧をドイツにまわすというおそろしい「飢餓計画」というものを立てました。日本の陸軍の兵士のうち半数は飢えで亡くなりました。戦時中に首相だった東条英機は、「日本で食糧がなくなるということはない、なぜなら自然というものは食べものをつねに恵んでくれるからだ」というほど、食糧問題に疎い人でした。日本が戦争の戦略として食事を大切にしないという伝統があったのです。このあたりは、『餓《うえ》死《じに》した英霊たち』(藤原彰 著、ちくま学芸文庫、二〇一八年)という本に詳しいので、ぜひ読んでみてください。

みなさんには想像しづらいと思うけれど、つい一〇〇年前、あなたたちのひいおじいさんが生きていた時代というのは、食べものがない、満足に食べられない、あるいは、それがないがために、自分の大切な子どもや自分の大切な人たちを亡くしてしまったということがあった。そういう歴史からも、食べもののことを考えたいと思ったので『カブラの冬』という本を書きました。それはあとに置いといて、次、よろしくお願いします。

## ★自己紹介③　達兄さんの場合

**〈達兄〉** 前のお二人の話が素晴らしすぎて、そんな話はないんですけど……。

**〈フジハラ〉** はい、わたしもタジタジです。ノー・プロブレムです。

**〈達兄〉** 年齢は一八歳で、つい最近、高校を卒業したばかりです。弟と参加してます。そうですね、参加のきっかけは、お母さんに「出てくれ」と言われたからという感じです。申し訳ないんですけれども。

「いままで食べたもので一番おいしかった食べもの」は、事前アンケートではいろいろ書いてあるんですけど、要は味噌汁で、中学か小学校高学年くらいのときに食べるというか飲んだんですけど……。このアンケートに書いたのは本当は、母親が書いたんですけれども（笑）、「あのときのあの味噌汁」って言ったら、こう書いてきてくれて。味噌汁をつくったのが母本人なんで。

**〈フジハラ〉** お母さんが書いてくれたんですね。じゃあ、ちょっと読みますね。「佐渡島のアジの煮干しでダシをとってある、ときめき生協（パルシステム生協連合会に加盟する「新潟ときめき生協」）のカタログにもある、三階節《さんがいぶし》味噌を主人の両親の故郷が新潟なので、取りよせています」。そういう味噌があるんですね。それでつくったネギと豆腐の味噌汁。この、「佐渡島のアジの煮干しでダシをとった」というのは……。

**〈達兄〉** アジじゃなくてアゴだったと思うんです。トビウオ。で、それでとったダシというのを知らなかったんです。でも、素人の、小学生でもわかるくらい、おいしかったんで、「なんかおいしいね」って話をしたら、ダシが変わってたというので、それが印象に残っていて。正直言うと、結構前のことなので、いま、食べたらどうかはわからないんですけれども、でもすごくおいしかったのが頭に残ってて、「あのときの味噌汁」って言ったら……。

**〈フジハラ〉** お母さんが書いてくれた（笑）。

**〈達兄〉** そうですね。正直に言ってしまってすみません。でも、たしかに佐渡のアゴのダシの味噌汁がおいしかった。

**〈フジハラ〉** よしよし。アゴについては、わたしもちょっと一家言あるんですけれども。わたしの出身地の島根県もトビウオの産地なんですよ。「あご野焼き」というちくわっていうのかな、練りものが名産でして、アゴの身をすり込んだもので、棒を刺してグルグル焼いたものですけれども、アゴが香ばしくって、僕も好物だったんです。アゴのダシって特別ですよね。ダシもやっぱりカツオやコンブとはまた違う独特の甘みがあって。このダシを続けてほしいというのはよくわかる。

**〈達兄〉** 高いらしいです（笑）。

**〈フジハラ〉** タモリさんが、なにかのテレビ番組で、正月の雑煮はアゴでダシをとるって言ってました。彼はすごい食通で、自分でも素晴らしい料理をつくるんですけれども、アゴの味がわかるというのは、相当だというふうに思いますね。

**〈達兄〉** たぶん、素人でもわかるくらい、いつもの味噌汁と違うなというくらいおいしかったんだと思います。

〈フジハラ〉 よしよし、オーケー（笑）。ありがとうございました。じゃあ次はコーセイさん。

## ★自己紹介④ コーセイさんの場合

〈コーセイ〉 コーセイです。一二歳です。もうすぐ中学生です。「一番おいしかった食べもの」は、お母さんがつくった新じゃがのフライドポテトです。まず、マクドナルドのポテトが好きで、「もっとできたてでほかほかの、サクサクのやつがいいなあ」ってお母さんに言ったら、つくってくれて。

〈フジハラ〉 サクサクのやつをつくってくれたんだ。フライドポテト、どうだった？

〈コーセイ〉 めっちゃおいしかった。サッカーやってて、サッカーの帰りとかにつくってくれて、疲れたあとに食べるのが、めっちゃおいしかった。

〈フジハラ〉 いいねぇ。疲れたときに油ぎっている食べものっていいよねぇ。しかも、新じゃがって書いてあるけど、これは、お母さんが新じゃがを選んでくれたんですか？

〈コーセイ〉 はい。新じゃがのほうがおいしいからって。

〈フジハラ〉 へえ。で、やっぱりもう、マクドナルドのフライドポテトには戻れない？ ですよねぇ（笑）。これがでてくると。でも、お母さん、毎回はつくれないですよね。

**〈コーセイ〉**はい。だから、何かすごいことがあったとき。

**〈フジハラ〉**どんなすごいこと？

**〈コーセイ〉**サッカーの試合で優勝したときとかに、「おめでとう」みたいな感じで。

**〈フジハラ〉**いいなあ。あなたのお母さん、一家に一人ほしいねぇ（笑）。そうですか。じゃあ、いまも、フライドポテト出てくると、「これ食べるために、がんばるぞ」って思えてくるんだね。サッカーはどこのポジションをやってるんですか？

**〈コーセイ〉**フォワードです。

**〈フジハラ〉**点取り屋さんですか。そうか。じゃあ、お母さんも応援しに来てくれたりするわけですね。いい話ですね。お母さんがつくった新じゃがのフライドポテト。ありがとうございます。次は、リョウタローさん。

## ★自己紹介⑤　リョウタローさんの場合

**〈リョウタロー〉**リョウタローです。年齢は一四歳です。中学三年生で、次は受験生ということになります。参加したきっかけは、申し訳ないんですけど、母に「参加してくれ」と。
**〈フジハラ〉** 申し訳ないから(笑)。そのことも「コミ」で来ているので。問題ない。
**〈リョウタロー〉** 「一番おいしかった食べもの」は、書いた覚えはないんですけど、「小松菜と油揚げの味噌汁」と書いてあります。
**〈フジハラ〉** 書いた覚えないけど(笑)？
**〈リョウタロー〉** 勝手に書かれた。
**〈フジハラ〉** お母さんが勝手に書いた(笑)。
**〈リョウタロー〉** 一番おいしかったものじゃないんで。僕としては、もうちょっと素朴で。たとえば、野菜とか、そのまま食べるほうが。
**〈フジハラ〉** それ、そこいこう。なんの野菜をそのまま食べるの？
**〈リョウタロー〉** キュウリに味噌をつけて食べるとか、そっちのほうが僕はシンプルで好きです。
**〈フジハラ〉** いいですね。いい話でてきましたね。じゃあ、「小松菜と油揚げの味噌汁」はちょっと置いておきましょう(笑)。お母さん、すみません。キュウリの話にしますね。これも、わたしは二点ほど指摘したいと思うのですが、一点目は、わたしも好きなんです。キュウリに味噌、生味噌をぎゅっとつけたりして、そのままかじって、ビールとキュウリというのは、本当に大好物で、家でよくやります。

で、もう一つは、『美味しんぼ』（原作　雁屋哲、作画　花咲アキラ、週刊ビッグコミックスピリッツ、一九八三年〜）というマンガを知っていますか？　あるでしょ。グルメのマンガなのですが、あれで、主人公の山岡が自分の親父の海原雄山との味の対決をして負けるときがあるんですけれども、そのときに海原が出したものの

『美味しんぼ21巻』
「第8話日本の根っこ」より
©雁屋哲・花咲アキラ／小学館

が、少し冷やした握り飯とキュウリ一本まるごとぬか漬けにしたものでした。

誰に出すかというと、フランスに嫌気がさして日本に戻ってきたファッションデザイナーで美食家です。飛行機でクタクタになってきた彼にふたたびフランスに行きたい気にさせることが目的。山岡はおいしいフレンチを出すのですが、海原は握りめしとキュウリのぬか漬けのまるかじりとお水を出すんですね。これがおいしそう。しかも、歯ごたえがいいですよね、シャキっと。自分の味覚のルーツを再確認し、「根っこ」ができたというデザイナーは、ふたたびフランスに戻る気になる、というお話です。リョウタローさんは、どういうときに食べたんですか？

**〈リョウタロー〉** 夏の暑いときとか、キュウリ食いたいなあと思って、家で苗を植えてつくったりしたときがあったんです。いいのがなったときに、それをとってきて、ポキってやって食べる。

**〈フジハラ〉** 自分で育てたというのは、お母さんが育てている？

**〈リョウタロー〉** 育てたというか、苗を買ってきて、植えて、あとはどうなったかわかんないんですけど、そのうちに育ってきて、気がつくとなってる。

〈フジハラ〉それをそのまま食いたくなる。もいで食べたくなるよね。いいですね。わたしの家も農家だったので恵まれていたと思うのですが、もぎたての味を結構覚えていて、トマトとか、そのまま塩を振って食べたよね。このまま。料理するんじゃなくて。その気持ち、たいへんよくよくわかります。ありがとうございました。ああ、でもちょっとこれ、アンケートだけ読ませてください。お母さまのメッセージにはですね、「三歳、幼稚園年少さんのとき、『好きな食べものは?』と先生に聞かれ、『小松菜と油揚げの味噌汁』と答えていました。小学校卒業時、親へのメッセージカードに、『母のつくる料理はいつもおいしいです』と書いてくれています」ということですね。いいですね、やっぱりいい息子さんをおもちですね。お母さんがつくった食べものというのは、たぶんお母さんから離れたときにわかるんですね。「あれがおいしかったんだな」というのが、過去形としてわかるものですから、きっとまた「小松菜と油揚げの味噌汁」について思い出す時期がくると思います。

じゃあ、次は、シュンスケさん、お願いします。

## ★自己紹介⑥　シュンスケさんの場合

〈シュンスケ〉　シュンスケです。一二歳です。今年、中学生になります。いままで食べたなかで一番おいしかったものは、お好み焼きです。うちの妹の友だちにお好み焼き屋さんをやっている家があって、そこで。

〈フジハラ〉　妹のお友だちにお好み焼き屋さん。ご自宅はどちらでしたっけ？

〈シュンスケ〉　東京です。

〈フジハラ〉　東京でお好み焼き屋さんをやっているところで食べた。

〈シュンスケ〉　そこで食べて、餅とチーズをトッピングして……。

〈フジハラ〉　通ですね。

〈シュンスケ〉　ソースとマヨネーズをかけて、それがとても合っていて、そこから好きになった。それで、お弁当にも入れてもらってる。

〈フジハラ〉　お弁当にお好み焼き入れるって結構めずらしいパターンですよね（笑）。そんなに好きなんだ？

〈シュンスケ〉　はい。

〈フジハラ〉　でも、お弁当に持っていくと、冷めてるじゃない。

〈シュンスケ〉　けど、大丈夫です。
〈フジハラ〉　そうか、大丈夫なんだ。それはお母さんがつくってくれるのね？　お弁当用にお好み焼きを朝からつくってくれて、トッピングはなんといっても餅チーズがいい？
〈シュンスケ〉　たまに、うちに餅がなかったときは何もしないですけど。
〈フジハラ〉　じゃあ、ご家族で、お昼ごはんでお好み焼きを食べたりすることもある。お父さん、お母さんが大阪の人だっていうことはないんですか？
〈シュンスケ〉　いや、ありません、まったく。
〈フジハラ〉　そっか。いいですね。実はわたし、昨日、大阪に泊まって、朝六時に大阪を出てきたんですけれども、大阪で昨日、家族で食べたのがお好み焼きなんです。お好み焼きのおいしいところは、大阪駅の梅田のガード下にあるお店で、ふたつくらいあるんですけど、一つは「きじ」というところで、そこはもう行列になっていて、絶対に入れない。で、もう一つは「Ｓａｋｕｒａ」というお店があって、食べたことある？
〈達兄〉　つい最近行きました（笑）。「きじ」はたくさん人が並んでて、「ここまでです」という看板があったから、「あ、だめじゃん」って言って、みんなでそっち行って。

〈フジハラ〉　どうでした？　Ｓａｋｕｒａ。
〈達兄〉　すごいおいしいです。だってお好み焼きが食べたくって大阪へ行ったんです。
〈フジハラ〉　だろー（笑）。それ、食べたくて行ったんだ？
〈達兄〉　有名だって聞いたから、七人くらいでぞろぞろ……。
〈フジハラ〉　友だちと行ったの？
〈達兄〉　そうです。
〈フジハラ〉　梅田にあるって聞いて？　わたしはやっぱり、山芋が入ってるやつが好きだな。ホクホクして。わたしは欲張りなんで、お好み焼きの店では、ついいつもミックスを頼んじゃうんですけど、餅チーズ、いいですね。ありがとうございます。じゃあ、次は、アヤさんですね。

## ★自己紹介⑦　アヤさんの場合

〈アヤ〉　アヤです。一八歳で、この間、高校を卒業したところです。
〈フジハラ〉　おめでとうございます。
〈アヤ〉　参加のきっかけは、いつも食べているごはんを、だいたいいつも何も考えずに食べていて、本当は、野菜とか、農家の人が育ててくれていて、お肉はもともと牛や豚や鶏の命だったから、命をもらっているし、ということを、普段は考えてなかったんですけど、考えるきっかけがあって、それでもっと食べることとかを考えたいなって思って。

**〈フジハラ〉** すばらしい動機ですね。普段、通り過ぎちゃうよね。食べて終わり、みたいになっちゃう。なるほど。ありがとうございます。じゃあ、一番おいしかったものは?

**〈アヤ〉** 東日本大震災のあとの夏休みに岩手の民宿に泊まったんですけれど、そこで前沢牛のステーキを食べさせてもらって、ちょうどそのころは観光客が少なくて、少なくても困るだろうし、でも行ってもいろいろと迷惑かもしれないと思って、すごく心配したんですけど、すごいあたたかくもてなしてもらって。

**〈フジハラ〉** それはご家族で行ったんですか?

**〈アヤ〉** はい。母と一緒に。

**〈フジハラ〉** お母様と一緒に行かれて。あえて震災の年に行こうと?

**〈アヤ〉** 元気づけようと。で、お肉もおいしかったんですけど、民宿のみなさんがすごくあたたかくて。よりおいしく食べました。

**〈フジハラ〉**　なるほど。民宿のあたたかさ、雰囲気ですよね。民宿というのは、小さなお宿ですよね。で、料理民宿とかだと、料理がとても豪勢《ごうせい》だったり、いろいろな小鉢とか出てきます。アンケートに書いてくれた理由を読むとお腹が減って仕方がないんですけど、読みますね。

「塩コショウで焼き、ポン酢でいただく。シンプルな味付けがよかったのではないでしょうか。また、お肉自体が上質なのではないかと思います」と書いてあります。「すごくいいお肉だったから、味付けも本当にあっさりでおいしかった」と。

その民宿は、岩手県のどこの市だったか覚えていますか？　海沿いですか？　それとも盛岡のあたり？

**〈アヤ〉**　平泉の近く。

**〈フジハラ〉**　そうですか。いいですね。肉おいしそうだな。たんにお肉がおいしかっただけじゃなくて、民宿のお話がすばらしいなと思って聞いてました。じゃあ、最後ですね。ユータさん。

## ★自己紹介⑧　ユータさんの場合

**〈ユータ〉**　ユータです。春から高校生の一五歳です。参加したきっかけは、母から話を聞いたときに、高校生になるし、京大の先生の話を聞くのは珍しい機会だなと思ったので、ぜひ行ってみたいと思いました。

　一番おいしかったものは、お寿司の中トロですね。理由は、甘みがあって口でとろけるからっていうのと、なんの調理もせずに、ありのままの姿、ありのままの味で食べるのがおいしいと思った。

**〈フジハラ〉**　そこのところ、もう少し聞かせていただきたいんですけれども、ありのままというのはどういうことですか？　つまり、マグロが焼いてあったりとかじゃなくて、そのまんまの、しかも、甘みとかうまみも自然のまま感じられるところがいいの？

**〈ユータ〉**　はい。

**〈フジハラ〉**　なるほど。お兄さん（達兄）の説に対しては、どういうふうにお思いですか？

　アゴダシの味噌汁は覚えてますか？

**〈ユータ〉**　僕はあまり味噌汁は好きじゃない。

〈フジハラ〉 そうか。お兄さんは味噌汁が好きだけど、ユータさんは家ではどういうものが好きですか？ 出てきたらラッキーと思うのは？

〈ユータ〉 肉。

〈フジハラ〉 肉が出てくるとラッキーですか。いいですね。中トロ、食いたいですね。わたしはしばらくご無沙汰してますけれども。ありがとうございました。

あと二〇分くらいしたら、おにぎりを食べに行くことになると思いますが、もうちょっとガマンしていただければと思います。

わたしは、大学三年生になってはじめて専門を選ぶ人に講義をするときに、毎回この「いままで食べたなかで一番おいしかったものは？」という質問をしています。

で、小学生の人でも幼稚園の子どもでも答えられるような、すごく単純な問いがどうして面白いかというと、いままでだいたい、なんとかの高級店というふうに、お店の名前をあげて、あそこのお店の中トロ、とか、あそこのお店で食べたフカヒレとか、そういうふうに言う人はすごく少ないんです。だいたい、ご家族とかお友だちとか、自分の身近な人、あるいは、すごく自分がお世話になった人とか、人との関係性で話をするという人が多いんですよ。

これがわたし、すごく面白い、不思議だなーって思ってます。
たとえば、アヤさんの「一番おいしかった食べもの」はステーキなんだけど、ステーキという食べものに、たぶんトッピングとして、民宿のおばちゃんの存在があったと思うのです……そうそう、どんなふうにやさしかった？　どういうところがよかった？

**〈アヤ〉**「来てくれてありがとう」って言ってくれました。

**〈フジハラ〉**「来てくれてありがとう」って言ってくれるわけだよね。で、こんな経験は、学校の先生は言ってくれないじゃないですか。「授業に来てくれてありがとう。今日もようこそ」って（笑）。学校に来てくれて当たり前だと思ってるわけですよね。でも、「来てくれてありがとう」とか「生まれて来てくれてありがとう」とか、当たり前の暮らしではなかなか出てこないけど、そういう言葉がたぶん、ステーキの味わいを増していると思う。
それから、お母さんのつくってくれたフライドポテトですよね。この話でわたしがビックリしたのは、サッカーの話とつながっていることですよね。サッカーで優勝したことがある？　そうか、むっちゃ強いな。どの地区で優勝したの？

**〈コーセイ〉**　文京区です。

**〈フジハラ〉** 文京区で優勝したの？ あなたのチームが。すごいね。そしてサッカーをしているということと、お母さんがつくった、しかも新じゃがのフライドポテトが結びついている。こういう人、結構多いんですよ。

たとえば、京大生に多かった答えでわたしが面白かったのは、彼女（将来できるかもしれないし、もうできてるかもしれないけど）と初めて行ったラーメン屋、その味が一番おいしかったという人がいるわけですよ。彼にそのラーメン屋の話をいくら聞いても、ラーメンの味は教えてくれない。やっぱり、初めてつきあった彼女がそばにいて、一緒に食べたからおいしかったということがあるわけですね。

それからもう一つは、コンビネーション。達兄が答えていたアゴダシですよね。アゴダシの味噌汁というのも、たんに味噌汁じゃなくて、味噌汁にいろいろな地域の味、新潟のアゴダシという話が出てきたりしていますけれども、いま食べたここの食べものがおいしかったというふうに感じるには、食べものにいろいろなつながっていることがあるから。それがたぶん、おいしさを増しているということなんですよね。

みなさん、それぞれ、いろいろなことを書いていただいて、それぞれ、いままで食べたなかでおいしかったものを語ってくれたんだけど、たぶんそれは、わたしたちは単に食べものを食べているということではないんですね。食べものと一緒に、自分の人間関係とか、食べものをめぐるいろいろな話とか、風景とか、それから、そのときいた家族との思い出とか、物語とか、そういうのも一緒においしく食べているということなんですね。それを伝えたいために、このアンケートをいつもとっているわけです。

## ★答えのない問いを立ててみる

**〈フジハラ〉** 今日、みなさんに伝えたいことは、食べものというのは日常的な当たり前のことなんだけれども、これを考え抜いていくと、さっきアヤさんが言ってくれたけど、普段、すっと通り過ぎちゃうことが「学問」、立派な勉強になる。だけじゃなくて、みなさんが大学に行ったら、あるいは行かなくても向き合わないといけないと思うんですけど、「哲学」という勉強につながってくるんです。

哲学とは何か。哲学を英語で言うと、philosophy っていうんだよね。小学生には哲学というのは難しいと思うかもしれないけれども、実は、小学生だからこそ、哲学はやりやすい。

むしろ、わたしくらいになってくると、だんだん哲学は難しくなってくる。そういうものです。で、哲学とは何かというと、philosophy の原語は、「知を愛する」、「知への愛」という意味なんですね。今日、みなさんと一緒にお話したいことは、食べものの哲学の話なんですね。哲学の本って本屋さんでいっぱい売れているけど、どの本をとっても、おそらく、わたしでさえものすごく難しくて、読むのが大変です。たとえば、わたしが大学四年生のときに、初めてドイツ語で哲学の本を読みました。エルンスト・ブロッホというドイツの哲学者の本なんですが、どのくらい難しかったかというと、最初の二文字を訳すのに六時間かかりました。わかるかな。

**コメント……8**

エルンスト・ブロッホ（一八八五〜一九七七）は、二〇世紀に活躍したドイツの哲学者です。難解な文章を書くことで有名で、師匠の一人であるマックス・ヴェーバーでさえ、何を言っているのかわからないと彼を忌避したと言われています。わたしが、大学四年生から読んできた本は、『政治的測定、ペスト時代、三月革命期』というもので、ナチスがドイツで力をもっていく時代の評論をまとめたものです。ファシズムへと向かっていく人々の心の動きとそれにつけいろうとするナチズムの相克の描き方がたいへんユニークで、強い影響を受けました。翻訳作業は、わたしは得意ではありませんが、言葉一つひとつの重みを感じさせてくれます。それは、言葉を扱うことの難しさを教えてくれるだけでなく、言葉がどれほどの可能性を秘めているものなのかも教えてくれます。哲学は、言葉と言葉をつなぎ、思考の道筋を丁寧に整理していくなかで、思ってもいない風景を見せてくれるものです。速読がもてはやされる時代であるいまこそ、スルメのように噛んで味わう本の魅力は抗いがたいものがあります。

いまでも忘れないですけど、ドイツ語で「Wie nun?」、これは英語では「How now?」で、how は「どのように」、now は「いま」という意味ですね。直訳すれば「どのように、いま?」という意味なんだけど実際は違う。これがいったいどういう意味なのかを考えるために、勉強会で六時間かけて、徹底的にこれを論じるんです。これが哲学の営みです。時間をかけて、本当にささいなことでも時間をかけて考える。たとえば、コーセイさんもわかるような哲学を少しやってみましょう。たとえば「わたしたちはいま、どうしてこの世界に生まれてきたんですか?」という問題が小学校で出てきたとしたら、なんて答えますか?

〈コーセイ〉 わかんない。
〈フジハラ〉 わかんないですよね。シュンスケさん、なんて答えますか？ もし小学校のテストで、「あなたはどうしてこの世に生まれてきたんですか？ 答えなさい」と問われたら。
〈シュンスケ〉 たぶん、何も。
〈フジハラ〉 何も、真っ白な解答になる。そらさんなら、何か書くよね（笑）？
〈そら〉 何書きますかね。理由じゃない。
〈フジハラ〉 「理由じゃない」ってどういうこと？
〈そら〉 理由はどうこうは関係なくて、たまたまそうなったみたいな。
〈フジハラ〉 たまたまそうなった。もう少し聞いてみようか。じゃあケイさんどう？ もしこの質問が、高校のテストに出てきたら。
〈ケイ〉 もともとあった体に、自分という人格がついただけ。それがあなたになった。
〈フジハラ〉 もともと体があったわけね。
〈ケイ〉 たまたま、こういう人格になってあなたができた。
〈フジハラ〉 達兄さんは、どう？

〈達兄〉　これからその理由を探すって書きますね（笑）。
〈フジハラ〉　うまいなぁ。なるほどね。いま、いろいろ話してくれたけど、こういうふうに簡単にはわからないけど、自分たちの「あたりまえ」を考えることを哲学っていうんですよ。つまり、これは大学一年生に必ず伝えることなんですけど、高校までの勉強で習うことは、問題を解くことなんですよね。これはわかりますよね。クエスチョンがついていて、これこれこういう問題について解きなさい。「三角形の内角の和はいくらですか」とか。これには、もう答えは出ているわけです。

けれども、大学の哲学で学ぶことは、自分で問題をつくる、問いを立てること。そして、答えられない問いについて考えることなんですね。自分がなんで生まれたのか。あるいは、どうして自分はここにいるのか。たとえば、自分はどうして人間として生まれたのか、という問いでもいいし、人間と動物はどこが違うのか、という問いでもいい。いきなりテストに出されて、一時間で答えなさいというのは無理なような問題を考えるのが哲学です。スマホで検索しても見つからない問いを見つけて、スマホが教えてくれない答えを求めて考え続けること。それはすごく大事なんです。

この問いに没頭することは、小学校のときのほうがやりやすいんです、実は。なぜか。わたしにも、ちょうどシュンスケさんやコーセイさんと同じくらいの年齢の息子がいます。子どもが小さいころというのは、日常茶飯事《にちじょうさはんじ》が哲学状態なんです。問いがいつもある。会場にいる大人のみなさんも記憶にあると思いますけど、「どうして?」「なんで?」ということを、子どもにずっと聞かれ続けるんですね。

たとえば、新聞を読んでいて、とても腹が立つような内容だったとき「これ、最悪」とつぶやくと、となりにいた子どもが「なんで」と聞きます。「だって、この人は若い人を傷つけたんだよ」というと、「どんなふうに」。いろいろ説明すると、「どれくらい悪いの」と聞かれ、「比べるものではないけど、難しいな」と最後はわたしのほうが降参してしまう。このように質問ぜめにすることは、小学生のほうがやりやすい。

「どうして?」「なんで?」ということを突き詰めていくことを、とりわけ大学に入ったらやらなければいけないし、いまからでもどんどんやって、考える訓練をしておくと、将来、とても役に立つと思います。そしてそのときに、一番とっかかりやすいのが食というテーマなんです。

【第二の質問】

# 「食べる」とは
# どこまで「食べる」なのか?

【解説】
2
フジハラから、
第二の質問について

# 食べられる側の気持ちになってみること

## ★解くのが困難な問い

「飲み込む」という言い方があります。食べものをゴクリと飲み込む、というのが基本的な意味ですが、それが派生して、やり方を十分に習得する、という意味に用いられることもあります。あの人は仕事の飲み込みが早い、とか、そんな使い方ですね。

この「飲み込む」という意味からすると、食べるということは、口のなかから消えて、喉《のど》の奥から食道に落ちたらそれで終わりの行為だ、と考えるのが普通のように思えます。そして、かなりの人たちが、食べるという行為を、口に入れて、噛んで、飲み込む、という行為だと思っているのです。

あるいは、こんな考えを抱く人もいるでしょう。

「腑《ふ》に落ちる」という言い方があります。いろいろ複雑だったけれど、その内容について考えあぐねた結果、ああそうだったのか、と理解する、という意味です。食道のあたりに流れ落ちていく食べものが胃の腑のあたりにストンと落ちて消化され、スッキリしたというイメージでしょうか。なにかスピード感のあるニュアンスですね。理解する、ということは、脳だけの働きではなく、体の感覚に訴えるような、総合的な行為であることを、この言葉が教えてくれているようです。

でも、疑問に思います。食べものは胃袋に落ちてしまえば、それで終わりなのか。ウネウネとした小腸のあたりまで来ても、それはまだ食べものではないのか。いや、大腸に来て、たっぷりの何百兆個ともいわれる微生物に分解してもらって便になるまでが、食べものではないか。いや、直腸《ちょくちょう》か、それとも肛門《こうもん》までか。あるいは、トイレに落ちるその寸前までか。いや、そのあとも……。実は、きちんとした一つの答えを見つけることはなかなかできません。

食べる、とは、どこまでが食べる行為なのか。友人や家族と一緒に何かを食べる、というとき、一緒にトイレに行くことまで考える人はいません。逆に、ゴクリと飲み込んでしまえば、体のなかで食べものを感じなくなるかといえば、そうでもありません。胃や腸はしばしば重く感じます。食べものの存在感は体のなかに意外と残るものですよね。

こう考えてみると、「食べるとはどういうことか」という問いは、とても難しい問いであることがわかります。食べるということは、基本的な行為なのに、ひょっとすると、人間が生きているという意味そのものなのかもしれないにもかかわらず、それをきちんと定義することは、深く考えれば考えるほど難しいことがわかってきます。

しかし、解くのが難しい問題は、人間を苦しめるというよりも、人間を豊かに、楽しくしてくれます。たとえば、ゲームは、解くのが簡単な問題だといえるでしょう。受験勉強もそうかもしれません。何かわかりやすい答えが見えそうなものは、たしかに、心をヒートアップさせます。しかし、何年経っても解けない問題に囲まれて暮らすことも、なかなか素敵なこと。毎日の暮らしを味わい深くしてくれます。研究者の多くは、何十年経っても、自分の人生をすべて費やしても解けない問題に挑んでいるともいえます。わたしもその端くれです。とても大変ですが、やりがいはあります。もっといえば、この地球上に生きている誰もが、解くのが困難な問題と毎日向き合っているともいえます。

たとえば、こんな問題に。「死ぬのがわかっているのに、どうして生きようとするのですか」。

考えるのが怖くなりそうな問いですし、この答えは一つしかない、ということはありえません。けれども、哲学書や小説を読んで、この問題をあてでもない、こうでもないと考えることは、とても充実した時間でもあるとわたしは考えます。

## ★キッチンシンクのパフォーマンスから見えてきたこと

さて、食べものの問題に戻りましょう。どこまでが食べることなのか、という問題でした。

この問題に真っ向から挑んだ芸術家がいます。

静岡にお住まいの陶芸家である本原令子《もとはられいこ》さんです。本原さんは、東日本大震災のときに、大都市から流れる下水が噴出して、悪臭が漂っている地域でヴォランティアをされました。本原さんは、どんな家も台所やトイレで使った水は下水管一本で、下水処理場につながっている、という事実に驚きます。こうした原体験をもとに、彼女はあるものをつくります。キッチンシンクです。キッチンシンクとは、台所の流しのことです。これを陶芸家ですので、捏《こ》ねて焼いてつくります。そのうえで、それを背負って、下水道のある道のうえを歩き、出会った人たちと話すというパフォーマンスをやったのです。水道の水は、シンクを境に下水に変

**Project Ceramics A to Z【S for sink】**
陶器、皮、金属／38×47.5×22cm／2011年ヨーロピアン・セラミック・ワーク・センター（オランダ）にて制作

2013年ギャラリーいそがやi・スペース（新橋）、2015年京畿世界陶磁ビエンナーレ（韓国）、2018年富士の山ビエンナーレ（富士市）にて、会場から下水処理場まで歩くパフォーマンス「境い目の住人」を行う（写真は2013年／撮影：ヤスタケノブオ）

わります。現代に生きるわたしたちも、水道水とトイレの境目にいます。下水処理場できれいになった水は海に出て、蒸発し、雲となり、それが雨になって、野菜や果物が育ちます。そのことに気づいた本原さんは、そんなことをやってみたのでした。

**コメント……9**
詳しくは、本原令子さんのとてもユニークな著書『登呂で、わたしは考えた。』（静岡新聞社 出版部、二〇一八年）を読んでみてください。本原さんとわたしとの対談も収められています。

本原さんの確認した事実をもう一度まとめましょう。
一つ目は、オーガニック食品を食べている人も、ファストフードを食べている人も、最終的にはその排泄物は同じ下水処理場にたどり着き、それが地球に循環していくこと。
二つ目は、家には、上水道と下水道があるけれど、人間のなかにもその境目があること。
この話を聞いて、わたしはなんだか愉快な気持ちになりました。なぜなら、わたしたちは、トイレをつうじて世界と、そして地球の住人すべてとつながっている、というイメージが湧いてきたからです。どんなに権力を持った政治家も、どんなに貧しい子どもも、みんなトイレのうえでは平等なのです。そして、トイレという場所で下水管に接続することでしか、人間は生きていけないことも、本原さんのパフォーマンスからわかってきますね。

## ★食べものの気持ちになってみる

もしも、食べるということをここまで拡張すれば、わたしたちは、食べることをもっと魅力的に、もっとダイナミックに考えることができます。それはどういうことかというと、食べものの気持ちになってみる、ということです。

なんでも良いのですが、たとえば、豚肉にしてみましょう。あなたは、普通、屋根のついた飼育施設で飼われます。そこでは人間から与えられた餌《えさ》を食べ、適度に散歩もし、人間に掃除してもらった場所で子どもを産みます。やがて、ある程度太ったあなたは、屠殺場に連れて行かれます。連れて行かれると、そこで電気ショックを与えられ、のどを切られて命を失います。殺された後、あなたは、股《また》から頭にかけてチェンソーみたいな機械で半分に切られ、

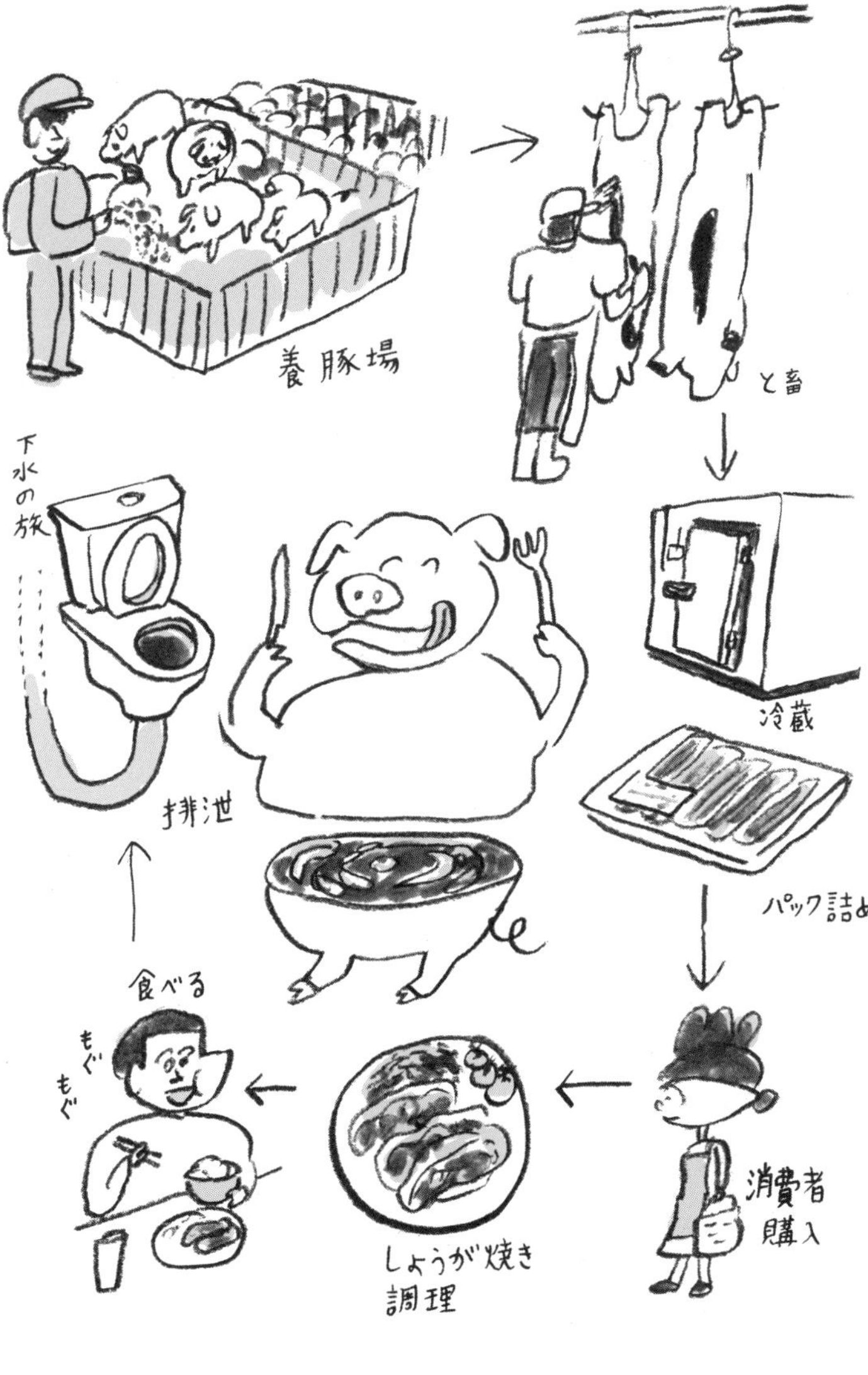
養豚場
と畜
冷蔵
パック詰め
消費者
購入
しょうが焼き
調理
食べる
もぐ
もぐ
排泄
下水の旅

さらに、各部位ごとに切られていきます。やがて、その部位はセリにかけられ、肉屋さんが持って帰ります。冷蔵室に保存されたあなたは、さらにスライスされて、パックに詰められ、晴れて肉屋さんの店頭に並びます。財布を持った人間たちが、あなたの体の一部が詰め込まれたパックを買います。そして、家の冷蔵庫に入れられ、そこで保存されます。十分に冷えて腐敗《ふはい》から免《まぬが》れたあなたは、やがて、油を塗ったフライパンのうえに落とされ、じゅうじゅう焼かれ、たとえば、しょうがと醤油で味つけされ、野菜と一緒に皿に盛りつけられるのです。

長い旅のすえに、あなたは、いよいよ、人間の口のなかに入る準備を整えます。箸で挟まれたあなたは、まったく抵抗できぬままに口に運ばれ、アミラーゼの入った唾液《だえき》をたっぷりかけられ、舌になぶられ、硬い歯によって噛み切られ、すり潰《つぶ》されます。そのあと、歯の隙間に残ったわずかな分身に別れを告げ、食道を通って胃袋に入り、酸の海のなかでドロドロになります。十二指腸《じゅうにしちょう》でも膵液《すいえき》と胆汁《たんじゅう》が流れ込み消化をアシストし、小腸にたどり着きます。ここでは、小腸の運動によってあなたは前後左右にもまれながら、六メートルに及ぶチューブをくねくね旅します。そのあいだ、小腸に出される消化酵素によって、炭水化物がブドウ糖や麦芽糖《ばくがとう》に、脂肪を脂肪酸とグリセリンに分解され、それらが腸に吸収されていきます。

ほとんどの栄養を吸い取られたあなたは、すっかりかたちを変えて大腸にたどり着きます。大腸は面白いところです。大腸には消化酵素はありません。そのかわりに無数の微生物が棲《す》んでいるのです。人間は、微生物の集合住宅でもあります。その微生物たちがあなたを襲い、あなたのなかにある繊維《せんい》を発酵《はっこう》させます。繊維があればあるほど、大腸の微生物は活発化するので、小さい頃から繊維をたっぷり含むニンジンやレンコンなどの根菜を食べるように言われているのです。そうして、いよいよあなたは便になって肛門からトイレの中へとダイビングします。こうして、下水の旅をあなたは始めるのです。

こう考えると、食べものは、人間のからだのなかで、急に変身を遂げるのではなく、ゆっくり、じっくりと時間をかけ、徐々に変わっていくのであり、どこまでが食べものであり、どこからが食べものでないのかについて決めるのはとても難しいことがわかります。

## ★食べることについての二つの見方

答えはみなさんで考えていただくとして、二つの極端な見方を示して、終わりたいと思います。

一つ目は、人間は「食べて」などいないという見方です。食べものは、口に入るまえは、塩や人工調味料など一部の例外を除いてすべて生きものであり、その死骸《しがい》であって、それが人間を通過しているにすぎない、と考えることもけっして言いすぎではありません。人間は、生命の循環の通過点にすぎないのであって、地球全体の生命活動がうまく回転するように食べさせられている、と考えていることです。

二つ目は、肛門から出て、トイレに流され、下水管を通って、下水処理場で微生物の力を借りて分解され、海と土に戻っていき、そこからまた微生物が発生して、それを魚や虫が食べ、その栄養素を用いて植物が成長し、その植物や魚をまた動物や人間が食べる、という循環のプロセスと捉えることです。つまり、ずっと食べものである、ということ。世の中は食べもので満たされていて、食べものは、生きものの死によって、つぎの生きものに生を与えるバトンリレーである。しかも、バトンも走者も無数に増えるバトンリレー。誰の口に入るかは別として、人間を通過しているにすぎないのです。

どちらも極端で、どちらも間違いではありません。しかも、二つとも似ているところさえあります。死ぬのがわかっているのに生き続けるのはなぜか、という質問にもどこかで関わってきそうな気配もありますね。
あなたなら、どのように説明しますか。

【対話】
2
参加者とのディスカッション

# 『食の哲学』という本をみんなで書くとしたら？

## ★「食べる」と「入れる」の違いって？

〈フジハラ〉「食べるってどういうこと？」という問題、わたしなりに考えていることについては、これから昼ごはんを食べてから言いますけど、たとえば中学校とか高校で「食べものとはいったい何ですか？」という問題が出されたときに、さて、なんて答えるか？ これをとことん考えていけば、一冊の本になりますし、みなさんそれぞれが哲学者になると思うんだけど、たとえばユータさん。中学生だよね。「食べものとはなんですか」という問題が出てきたら、どういうふうに答えますか？

〈ユータ〉人にとって必要なもの。

〈フジハラ〉必要なものは、たとえば食べもの以外にもありますよね？ たとえば……なんだろう、服とか家とか。その他の必要なものと比べて、食べものはどこが違いますか？　答えはないから、自分で自由に答えてくれたらいい。

〈ユータ〉　うーん、難しいですね。

〈フジハラ〉　答えるの難しいよね。家と服とかと何が違うんだろう。食、食べるってどういうことなんだろう。なかなか考えたことないでしょう？

じゃあアヤさん、どうだろう。「食べるとはどういうことですか？」っていう問題が出たときに。

〈アヤ〉　生きるのに必要なもの。

〈フジハラ〉　生きるのに必要なもの。もう一回、同じ問題を繰り返しますけど、服や建てものや、家族も生きるのに必要なものかもしれませんよね。そのなかでも、じゃあ食べものの特徴は何なんですか？

〈アヤ〉　………生きているってことかな？　難しいな。

〈フジハラ〉　生きていること、そのもの？　難しいよね。答えが出てこない問い、問題をいま、聞いています。リョウタローさん、どうですか？

〈リョウタロー〉　建てものとかはなくても生きていけるかもしれないけど、食べものは、なかったら絶対に生きていけない。

〈フジハラ〉　おし、来た！　建てものは〃なくても生きていける〃っていうことは、少し注意を必要としますね。建てものはそこに住む人間や動物を風雨、高温、低温から守ってくれるので、生きていくのにとても重要なものですよね。けれども、食べものはもっと切実。食べものがこの世からなくなった瞬間に死が現実のものになります。だから食べるっていうことは、とっても切実なものですね。もう少し考えてみましょう。そらさん、どうですか？

〈そら〉　絶対にないと、まあ死んじゃう？

〈フジハラ〉　死んじゃうよね。絶対にないと死んじゃう、つまり食べものを一年間断って生きている人というのは、いないですよね。

〈そら〉　死んじゃうから、食べることは絶対に必要なんだけど、最低限度だけじゃ、ココロ的につらいというか、絶対にないと死んじゃうからギリギリのところをずっと食べているだけじゃ、それでも死んじゃうというか。……なんていうんでしょう、こうなんか、本当に生きるために必要な量がこのくらいだとしたら、それだけを毎日食べているだけじゃ、生きていけない。

**〈フジハラ〉** ああ、いま大事な話が出ましたね。つまり、さっきリョウタローさんが言ってくれた、「建てものと食べものは違う」という話と、どうやら、「ギリギリのところ」を食べ続けたからといって、それは本当は生きているということにはならないんじゃないかという考えですよね。深いですね。達兄さんはうなずいたけど、どういうふうに深いと思った？

**〈達兄〉** 生きるっていう意味あいですよね。営みとして、生物的な意味で生きるっていったら、生死を分けるのは簡単だけど、もっと人間的な営みとしてみると、ただただ生命として生きているっていうわけではない。特に現代はそうですけど、生きるっていっても、ちょっと過激な言い方かもしれないですけど、たとえばずっと寝転がって、チューブで食べものを入れていれば、生物学的には生きているけど、それはどうなんだろうという……。

**〈フジハラ〉** どうなんだろうか。来たね。来たね。いま、議論の第二ステージぐらいに来たね。ここをちょっともう少し、ケイさんにほぐしてもらいたいけど、いま、チューブという話が出ましたね。

わたしは小学生の頃、すごく体が弱くて、親から「お前は点滴で育った」と言われていたんです。点滴を腕に刺されまくっていました。自家中毒という病気をもっていて、とにかく一カ月に一回は熱を出す子どもだったんです。点滴にはブドウ糖が入っていて、栄養が血管を通ってぐるぐる体を回れば生きていけますけれども、それと食べるというのはどこが違うんだろう?

**〈ケイ〉** チューブと、口からって、食べるってことはどこが違うか? 食べるってことは絶対に生きるために必要だけど、それでいて欲を満たせるみたいな。おなかの欲を満たして、かつおいしいものを食べたいという欲も満たす。

**〈フジハラ〉** そうか! 欲ということを僕は考えてなかった。点滴だと、欲を満たしている感じはしないよね。

**〈ケイ〉** 入れてる。

**〈フジハラ〉** 「入れる」ってことと、「食べる」っていうことはどう違うのかな? 面白くなってきたよ。ものを考えるということは、分けるということですよね。「入れる」ということと「食べる」ということは違う。ちょっとまとめましょう。

いま、みなさんがいろいろ考えてくれたものがだんだん渦のように深まってます。食べるというのはチューブで生物的に栄養を摂っているという考えが示された、逆にそれとは違うという考えが出てきました。それは、食べものを「入れる」ということではなくて、食べる喜びとか、食べる〝欲望〟っていったよね。欲望があるということが、食べることじゃないかということですよね。

いま、思いついちゃったのですが、ここで九人みんなで、食べるっていうことについて、いまから本に書くとしよう。『食の哲学』という本を、小学生から大学の先生までみんなで合議して書くとしましょう。そのときに、「はじめに」というところは、たとえばさっきの点滴の話から入ってもいいよね。「点滴で栄養を摂ることと、食べることは何が違うんですか」って、読者に投げかけてもいいよね。

じゃあ、その欲望というのは、食べたときに感じるその気持ちですよね。その気持ちっていうのは……シュンスケさんは、点滴って受けたことある？

**〈シュンスケ〉**　一回入院したことある。

**〈フジハラ〉**　入院したことある。そのときは点滴を受けた？

**〈シュンスケ〉**　はい。

〈フジハラ〉　そのときと、実際に……なんだろう、シュンスケさんだったらお好み焼きやな。食べてるときの気持ちは、どう違う？

〈シュンスケ〉　なんか、食べた感じがしない。

〈フジハラ〉　食べた感じがしないっていうのは、どこが違う？　どういう感じ？

〈シュンスケ〉　普通にお好み焼きを食べたとしたら、「ああ、おいしい。おなかいっぱいだ」みたいなことになるけど、点滴だったら、おなかいっぱいになるのかもしれないけど、ちゃんと食べたかな、みたいな。

〈フジハラ〉　「ちゃんと食べたかな？」って疑問符がつくよね。そうですよね。コーセイさんは？

〈コーセイ〉　入院とかそういうの、あんまないけど、なんか、普通に食べるよりも、点滴したら味がないから。ちゃんと食べたいなあって思う気がする。普通のものを食べたいって思う。

〈フジハラ〉　そんな気持ちになるよね。リョウタローさんは？

## ★人間の食と動物の食は同じ？　違う？

**〈リョウタロー〉** 味がないというのもそうだと思うけど、栄養を摂っているだけだと食べたいという欲求になんか応えられないというか、やっぱり満足しない。

**〈フジハラ〉**「栄養を摂る」という言葉が出ましたね。栄養を摂るってどういう意味ですか？　食べることとの違いは？

**〈リョウタロー〉** 食べるっていうのには、文化的な要素がある。

**〈フジハラ〉** 文化？　文化の要素がある。

**〈リョウタロー〉** なんか、それで栄養を摂るというのは、ただただ生理的な要素だけある。

**〈フジハラ〉** 大事な言葉が次々に出てきましたね。何度も繰り返しますけど、答えのないものに向かって自分のもっている言葉を駆使してしっかりと順を踏んで考え抜く、これが、いいですか、哲学という行為です。

「文化」という言葉が出てきた。文化って何？　もう少し考えようか。文化ってなんだろう？

**〈リョウタロー〉** 文化ってなんですかね。わからない。

**〈フジハラ〉** わかんないよね。わたしも、答えろって言われたらムリだよね。ムリだけど、なんか、余っているものがあるよね。栄養とは違う。

〈リョウタロー〉　頭の中で考えられる。

〈フジハラ〉　おお。頭の中で考えられるっていうものが文化。言いたいことはなんとなくわかるけど……

〈リョウタロー〉　人間独自のものなんじゃないかなと思うんですけど。

〈フジハラ〉　人間独自のもの、人間がもっている独自なものが、食べる。なるほど。

〈リョウタロー〉　それじゃ違うかもしれないなあ。あとは……

〈フジハラ〉　あとは……たとえば、いま、文化という話が出ました。食べることは文化とつながっていると。いまずっとみなさんのおかげで問いが深まってきて、文化という話が出てきた。何にしよう。動物を飼っている人、いる？

**コメント……10**

リョウタローさんから「文化」という言葉が出てきたときは、心が躍《おど》りました。文化とは完成された作品をお金を払って鑑賞《かんしょう》するもののようにとらえられがちですが、もちろんそれだけを指しません。日常のくらしのなかで、何気なく触れているものが、単なるその場で完結する機能を超えて、なにかわたしたちの内面に語りかけてくる瞬間の驚きが、たぶん文化というものの根源にあると思います。「食文化」という言葉も、新聞雑誌でよく使用されるその言葉とは違って、もう少し深い意味をもっているはずです。リョウタローさんは、その深いところに触れたのだと思っています。

**〈アヤ〉** 飼ってないです。

**〈フジハラ〉** 何か飼っている人いる？

**〈ケイ〉** 犬を。

**〈フジハラ〉** 犬が食べていることと、あなたが食べていることと、どこが違うと思いますか？ 犬にはなれないので、想像でいいですけど。

**〈アヤ〉** 犬は、おなかを満たしたりとかするだけで食べてるけど、人間は、たとえば、お母さんがつくってくれたとか、そういうのを感じながら食べれる。

**〈フジハラ〉** お母さんがつくってくれたのを感じながら食べているんだね。さっき言ってくれた文化っていうのも、そういうところにあるかもしれないですよね。ユータさん、どうですか？

**〈ユータ〉**　僕はあまり、そこの違いは感じないです。

**〈フジハラ〉**　犬が食べていることと、人間が食べていることは、実は同じじゃないか。どうしてそういうふうに思う？

**〈ユータ〉**　いや、本当にたいして違いが見当たらない。

**〈フジハラ〉**　いいですね。いま、議論の第三ステージに来たように感じます。どういうことかというと、対立する見解が出てきたのです。

つまり、人間が食べるということには、人間独自のものがあるんじゃないか。何か人間しかできないものがあるんじゃないかという答えをリョウタローさんは立てた。対してユータさんは、いや、犬が食べてても人間が食べてても、共通点っていうのがちゃんとあるじゃないかといった。よっしゃ、対立する意見も出てきましたね。

だいたい哲学や歴史の議論では、必ずAとBという違った話が出てきて、これらの簡単には解消されない対立をどういうふうに解決させていくかということが、重要な目標になってくるんです。ですから、いま、議論が深まってきているとわたしは感じるのです。で、ケイさんは犬を飼っているそうだけど、どうですか？

**〈ケイ〉** 犬は、好んで食べている気がします。

**〈フジハラ〉** 好みがあると。

**〈ケイ〉** いつも食べている乾燥した、カリカリの餌を出しておくと、すごく早く食べる。でもウェットな感じの、べちゃっとしたのをあげると、「何これ?」って、「これ食いもん?」みたいな顔しながら食べるんです。

**〈フジハラ〉** そうなんや。全然対応が違うんだ。犬でも。感じが。

**〈ケイ〉** 犬って全然、食べたことないものに対しては、あんまし興味を示さないし。だから好んで食べているのかなと。

**〈フジハラ〉** はあー。そうすると、ユータ説といいましょうか、感じるということに関しては、犬も人間も変わらない可能性もあるという、ユータ説的なものへの援護ですよね。ただし、一方で、人間しか感じていないけど、お母さんがつくってくれたという感情もあると。そのへんがたぶん、食べるということを考えるキーワードになりそうですね。

とりあえず、わたしはもうおなかが限界なので（笑）、いったんここで切って、この続きは、みんなでおにぎりをつくるということですので、おにぎりを食べたあとにやりたいと思います。では、いったんここで終わりたいと思います。どうもありがとうございました。お昼に行こう行こう。

お昼休憩のコラム

# 「くさいこと」と「おいしいこと」

わたしは小さいころから納豆が好きで、ほぼ毎朝食べています。あのネバネバする納豆にネギを入れたり、ゴマを入れたりして、あつあつのごはんにかけ、とろろのように口に流し込む、あの感覚がたまりません。

ただ、小学校のとき、一時期納豆を食べなくなったときがありました。においです。あのにおいをどうも受けつけなくなったのです。とくに、納豆を食べたあとの食器とかパックのにおいです。実は、いまでも、納豆を食べたあとの食器や納豆パックのにおいは、そんなに好きではありません。現在ではにおいを弱めた食品も売っています。

でも、ぐるぐるかき混ぜているときのあの独特のにおいに魅了されているのも事実です。枯草菌《こそうきん》というどこにでも棲んでいる菌の力で茹でた大豆を発酵させてできた納豆は、単に保存をよくするだけでなく、いわく言いがたい風味を生み出してくれます。

中国 臭豆腐
ドリアン
ブルーチーズ
キムチ
納豆
シュールストレミング
らっきょう
にら
もり
もり
にんにく

滋賀の名産である鮒寿司《ふなずし》は、日本の発酵食品のなかでもとりわけきついにおいを放ちます。便所のにおいがする、と言う人もいるくらいです。でも、わたしは日本酒と一緒に食べるのが結構好きです。実は「くさいこと」と「おいしいこと」は紙一重で、「いいかおり」もよくよく嗅いでみると、いろんなにおいの集合体であることがわかります。においも一緒に味わえるようになれば、食べものの世界は一挙に広がるでしょう。

「発酵仮面」とみずから名乗る発酵の専門家、小泉武夫さんは、発酵食のにおいは、からだのにおいと近いと言っておられます。人間だって微生物の棲家《すみか》であって、皮膚の上や腸内でいろいろなものを分解してくれているからです。においのするものを拒み、むやみやたらに除菌と殺菌を繰り返す現代社会は、微生物との共同作業に対して敬意を払わない社会とも言えます。発酵食を味わうことで、人間と微生物のつきあいかたを、そして異種の生物間の連携の美しさを味わってみるのは、とても楽しいことだと思います。

## ★『食の哲学』の目次をつくる

〈フジハラ〉じゃあ、おなかもいっぱいになったところで、後半戦にいきたいと思います。だいたい、いままで、講義をいろいろやってきましたけれども、おなかがいっぱいになると眠くなります。みなさん、うんうんとうなずいているけど、小学生はまだ大丈夫だよね。え？　眠くなる？　学校で眠くなることある？　ああ、みんな大変やね。塾もあるし。え、塾行ってないけど、眠くなる？　そうか。

大学でも、講義をしていると、やっぱりみなさん、舟を漕《こ》ぎはじめます。こんなふうにゆらゆらしながら、やっぱりみんな必死なんで、白目になりますよね。無理に眼を開けようとするからね。ホラーですよ（笑）。教師の身にもなってほしいんですけど。寝るなら目を閉じてほしいんですよ。みんな、白目になって、一所懸命聞いてくれるんです。そうなっても、全然みなさんを責めませんので、後半の話にいきたいと思います。

基本的に、わたしはアドリブなんですね。大学の講義も。一度、「何をしゃべってほしい？」って学生に聞いて、答えてくれたテーマについて一時間半しゃべったこともあります。コール・アンド・レスポンスっていうんですけど、英語で。みなさんの顔と表情と出てきたことで、いつも内容を変えてしまいます。で、今日も変えます。なぜかというと、前半で、みなさんが、食べることについての思考を全員でゆっくり深めていて、たぶん、このへんにできているんだよ、渦のようにできつつあるので、その渦をもうちょっと、わたしなりに回転させていきたいと思います。

**コメント……11**

最初は、今回の議論を本にまとめる、という形式をとるつもりはありませんでした。けれども、参加者のみんなの意見が自然に連携するようになったことに気づきました。それをわたしは「渦」ととっさに言ったのだと思います。ただし、渦は、渦のままで議論を拡散して終わる危険性もあります。そこでとっさに思いついたのが、本という形式にしてみる、というものでした。形式をつくれば、渦がどんどん大きくなっても中心はしっかりと保てるのではないか。京都大学の講義でも、もしもあなたが新書を書くとしたらどんなタイトルでどんな「はじめに」を書くか、というレポートを課したことがあります。そうすると、自分の議論が他人にどうみられるのかを感じる訓練になるし、なにより読んでいるわたしが楽しいです。

ちょっとこっちを見ていただけますか？　こういうふうに仮想しましょう。『食の哲学』という本をこれから九人で書くとします。で、どうしようか、新書にする？　それとも単行本にする？

**〈そら〉**　とりあえず新書で。

**〈フジハラ〉**　とりあえず新書で(笑)。いまわたし、最近の出版界のなかの新書の位置がわかった気がしました。新書でいく。ではあなたの書いた本を、いくらくらいで売りたい？

**〈シュンスケ〉**　五〇〇円。

**〈フジハラ〉**　五〇〇円。安いですね。子どものおこづかいで買えるのは、やっぱり五〇〇円ですよね。がんばってもね。じゃあ五〇〇円でいこう。五〇〇円の本を書くとする。そうすると、原稿用紙でいうと、だいたい二〇〇枚くらい。いままで一番多くて何枚書いたことある？

**〈シュンスケ〉**　学校の授業でやったのは二枚。

**〈フジハラ〉**　二枚くらいだよね。それをさらに一〇〇倍。二〇〇枚くらい書くとして、「はじめに」、一、二、三、四章にわけて、ちょっと……これはわたしが準備してきたんじゃなくて、みなさんの話を聞いてだよ。いままでのみなさんの話を聞いて、パッと本の目次を書いてみようと思います。こういう感じにしようと思う。

『食の哲学』（××新書、五〇〇円）



「はじめに」で、「食べるとは何か？」。で、みなさんのアンケートを通じて、サッカーの話とかをこのへんに書くと、読者の人は、小学生とか手に取りやすいですよね。

一章では、昼を食べる前に点滴（チューブ）の話をしてくれたから、点滴と食の違いは何か。「入れる」と「食べる」はどう違うのかというのを、このへんで話をする。

二章では、動物の「食べる」ということと人間の「食べる」ということはどう違うのか、あるいは、一緒なのか。ここでユータ説（感じるということに関しては、犬も人間も変わらない可能性もあるという説）を展開してもらう。

三章では、わたしがちょっと介入しまして、自分にとって食べものってどういうふうに考えたらいいかなというときに参考になる理論「人間チューブ論」を説明します。いまから、みなさんに話をしますね。

最後、四章では、さっき文化という話をしてくれたんだけど、食にとって文化とは何か。気持ちよさとか、おいしさとか、食に付け加わる面白い部分は何なのかというところをここで取り上げて、最後は、「おわりに　食の哲学に向けて」という感じでまとめたら、五〇〇円で売れますかね（笑）？

会場のみなさんの反応をみると、もう少し高くしても売れるみたいよ。それでは、さらにちょっと考えてみたいと思います。

## ★「食べる」ってどこまでが食べるなの？

〈フジハラ〉　とりあえず、一章と二章については、対話1（二四ページ）でお話していたので、また戻るとして、三章にあたる話を少し、みなさんの議論を深めるために、わたしからお話したいと思います。これは、自分が「食べものとは何か？」ということを考えなければいけないときに、これだけはおさえておきたいという、わたしなりの見方です。

一つは、いったい食べるというのは、どこからどこまでのことをいうのだろうかってことです。つまり、ごはんって、いまさっき、おにぎりをみんなで食べましたけれども、おにぎりを握って口に入れましたよね。で、口に入れてからどこまでが食べる行為だろうか。リョウタローさん、どこまでが食べるって感じだと思いますか？

〈リョウタロー〉　うーん。口に含んでから飲み込むところまで。

〈フジハラ〉　ねえ。「理解したこと」を「飲み込む」っていうじゃない。だいたいこのへんでゴクっと喉が鳴った瞬間に、食べるということが終わったというのが、一つの説ですよね。ほかの説、あるかな？　ケイさん、なんかある？

**〈ケイ〉**　かたちがなくなったとき。

**〈フジハラ〉**　あ、つまり、消化しきっちゃったところ。つまり、どのへんですか？

**〈ケイ〉**　このあたり（胃をおさえる）。

**〈フジハラ〉**　このあたり、ですね（笑）。食べたものに胃酸をぶっかけてドロドロにとけたところで、なくなったんじゃないかという説。たしかに、食べものが消えないと、食べたという気がしないですよね。コーセイさん、他に説ある？「食べる」はどこまで？

**〈コーセイ〉**　うーん。たとえばごはんとかを口に入れて、噛んでるときとか。「いま食べてる」とかいうから。

**〈フジハラ〉**　ああ、噛む。じゃあ、コーセイ説をここで展開していただく。つまり、「噛む」ということですね。「噛む」ってどういうことかな。「噛む」ということが「食べる」ということ。

いま、三人の方に言ってもらったように、食べるというのは、かなりいろんな行為があるでしょ。つまり、歯でチューイングする。チューインガムというのは噛むという意味ですね。「噛む」ということと、それから、喉でゴクリと「飲み込む」ことと、それから、胃酸をかけて完全に食べものがなくなるまで、ドロドロにしていって、腸の運動によってさらにグチャグチャにしていくところまで。ここで三つの説が登場しました。

で、食べるとはいったいどこからどこまでかということは、実は、きちんとした定義がないんですよ。誰かが決めているわけじゃない。喉でもいいし、歯でもいいし、胃袋でも小腸でもいいんですよ。決まってないのであれば、本を書く人はじゃあどうすべきかというと、自分の説をちゃんとした証拠でもって作り上げて、それを読者のみなさんに投げかけてみればよいのです。読者のみなさんから「それは違うと思う」「これはこうではないか」という意見をもらうことで、この世の中の「思考」全体が深まっていくのです。

で、わたしの提案は、食べるということは、結構、いろいろな段階があるんだけれども、とりあえず、いったんこう、喉を通って、食道を通って、胃袋に来ます。胃袋で胃酸をかけられて、さらに小腸に行って、小腸でグルグルまわって、大腸に行って、またそこでグルっとまわって、最後、お尻から出てくる。

仮に、「口から入れて、お尻から出るところまで」を「食べる」と考えてみたいと思います。そう考えると、かなり面白いことがいっぱい、わたしは考えられるはずです。それだけじゃなくって、ユータ説、つまり、動物と人間は実は一緒じゃないかという説と、それから、動物と人間は違うよという説を、何かうまくくっつけられそうな予感があるんですね。今日は、その答えを言うわけじゃなくて、みんなで考えていきたい。

どういうことかというと……高校で生物をやっている人はいる?

**〈アヤ〉** やってます。

**〈フジハラ〉** やってる。よし。子どもが生まれるときには、精子と卵子というものが合体して、受精卵という小さな丸いものができますよね。われわれはみんなそうだったんですよ。ウニも人間も犬も、みんな普通のこういう丸っこい物体だったんですね。受精卵。ここからにょきにょきと細胞が分裂して、こういうふうになっていくわけです

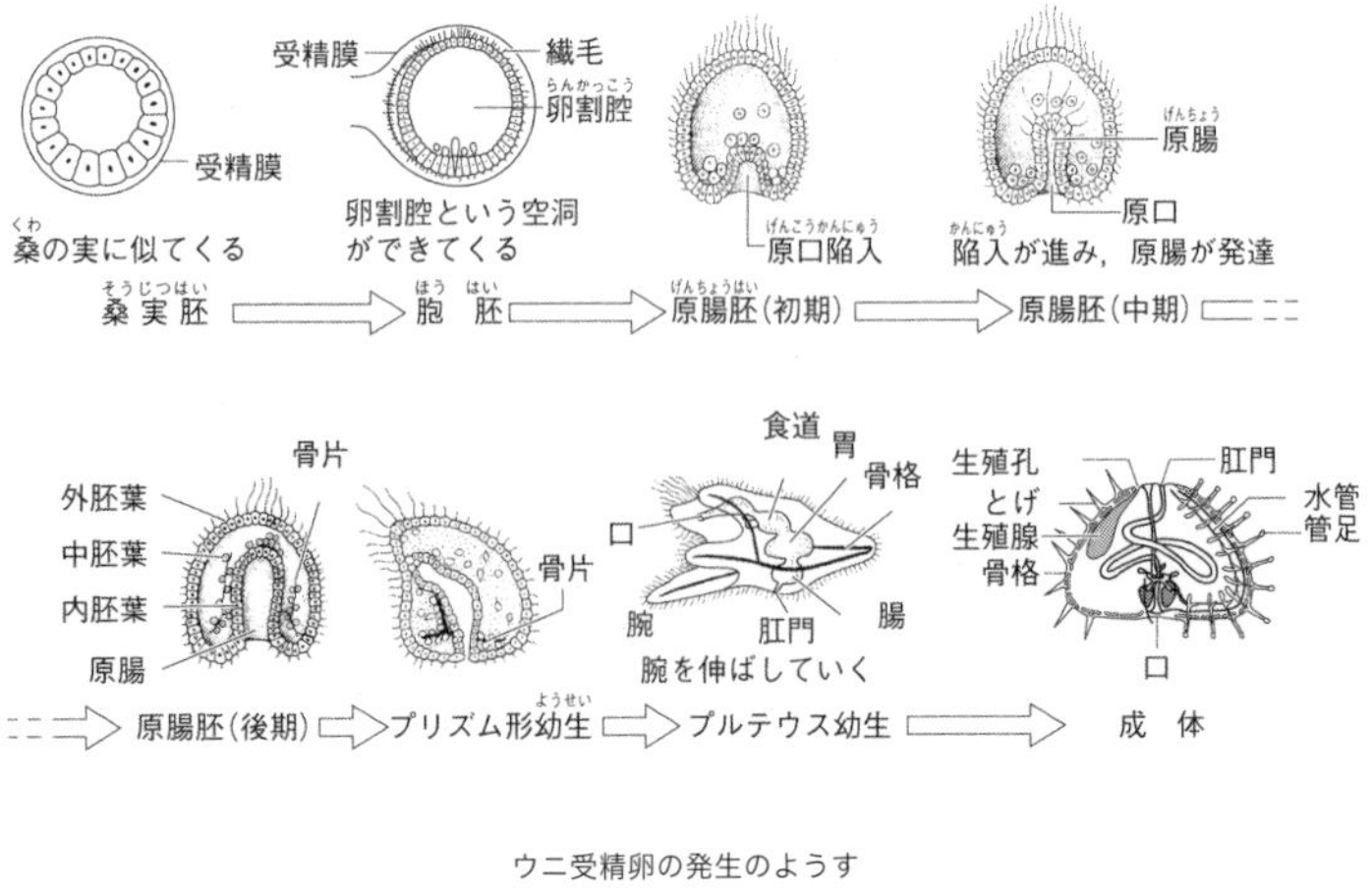


ウニ受精卵の発生のようす

けれども、これがどういうふうに変わってくるかって習った？　受精卵、この丸いのが最初にどういうふうに変化していくかって、習った？

〈アヤ〉まず二分割。そして横に。

〈フジハラ〉横に四分割。というふうに、分割されるわけですね。これは小学生はまだ習ってないんだけど、高校生になれば習います。この段階までは、ウニもカエルも、馬も牛も人間も一緒です。

で、面白いのは、こういうふうに分裂し終わったあと、受精卵はこういうブツブツの固まりになるんです。そのブツブツの固まりが、うにょーっとのびてきて、いなり寿司みたいなかたちになる。で、ここから……おそろしいことに、うまく言えるかな、この細胞が動き始めるんです。ニュルニュル動き始めて、ここの表皮にある細胞が、この中に潜りこんでいくんです。潜りこんできて、穴ができるわけです。空洞が。わかる？　塊のなかに穴ができる。で、これを、生物学の用語で「原口」といいます。原口というのは、元となる口。この原口は、将来何になるか。たとえば、人間だったら。はじめて穴があいたところ。何になると思う？

〈アヤ〉口。

〈フジハラ〉　口になる。（アヤさんを向いて）何になると思う？

〈アヤ〉　口ができて、肛門までができる？

〈フジハラ〉　そう、口から肛門というふうに腸はできていくイメージがあるでしょう。そういう動物もいますが、人間は違うんです。実は、肛門から口に向かうんです。原口というのはお尻なんです。つまり、人間の一番スタートというのは、お尻から穴があいていく。で、最終的に口のあたりに到着して、パカッと口があくんです。それではじめて人間が人間らしくなっていく。人間の原理としては、お尻の穴からあいて口ができていく。ここでチューブが通って、それがいろいろ進化していって、人間になったりカエルになったり牛になったりするということがわかるんですね。

ここで「人間はチューブである」という話をしたのは、たとえば、さっきおにぎりを食べましたけれども、おにぎりのお米というのは、田んぼがあって、田んぼから稲が持ってこられて、スーパーに行って、お父さんお母さんがスーパーから買ってきて、台所で炊飯《すいはん》しますね。で、それを、口から入れて肛門から出して、これを下水道に流します。トイレですね。口からトイレまできて、下水道に流していく。下水道で、食べたものの残りものはもう一回微生

ただいまー
台所
＝
内臓の
派出器官
「人間はチューブである。」
スタート!!
糞尿
いってらっしゃーい
畑、自然へ

物処理されて、畑に戻っていったり自然に戻っていったりします。

どういうことかというと、食べものは口から入るじゃない？　口から入って、からだ中をグルグルまわって、外に出ていく。これが今日、わたしが言いたいことの一つなんですけれども、食べものって旅をしているんです。ずっと旅をしている、そのほんの一部分だけ人間がかかわっているわけです。

つまり、食べるということ、食べものは、生きているものたちによってにぎわっている世界のなかの、ものすごい大きな循環のなかの一部にすぎない。わかるかな。

## ★人間は「生きもの殺し装置」だった

〈フジハラ〉　ということは何かというと、わたしたちというのは、よく言われるように、殺したものを食べているのです。もう少し残酷《ざんこく》な言い方をしますと、「生きもの殺し装置」ですね。もちろん、口に入っている段階でその食べものが生きているということはほとんどありませんが、それまでに殺しているのです。
そういえば、イカの踊り食いを食べたことある？

**〈そら〉** 海老の踊り食いなら、食べたことあります。

**〈フジハラ〉** どんな気分だった？

**〈そら〉** いや別に、普通においしいなぁって。

**〈フジハラ〉** 「普通においしいなぁ」って言い方が面白いね（笑）。わたしも踊り食いしたことがあるんですけれども、口のなかでまだ動いているんですね。くねくねって動いていて、これをゴクンって飲むんだけど、なんだか、このへんの喉のあたりまで生きている感じ。でも、ここから死んでいくんだけど。誤解を恐れずに言うと、わたしたちは生きものを殺しているわけですね。それを、自分の栄養にして、チューブを通って、トイレに出して。トイレで出したものは、特に微生物にとって非常に栄養が豊富なので、それは結局、土や海に帰っていきます。それが循環のなかにあるわけですね。

そう考えると、食べるという行為は、それは動物も人間もなんだけど、何かを殺して自分のなかに食べものの旅を通していく通過点。駅のような感じ。わたしたちは山手線の品川駅みたいなもので、食べものが「通ります」「止まります」「出ます」という、そういうふうなものとして捉えることが、まず一つですね。

もう一つは、実は、これは、ゴリラとかチンパンジーとかを研究している人から聞いたんですけど、人間は二足歩行になって何を得たのか、という問いがありますね。

二足歩行って何かわかりますよね？　二つの足で歩くようになったということ。これで栄養素をたくさん脳みそに送ることができるようになったから。

つまり、食べものをちゃんと体にいいものに変える能力をもった。それは何かと言うと、火です。人間が動物と違うのは、火を使うことができるようになって、火で生きているものを殺したり、生きているものを食べやすくしたりして、口の中に入れる。あるいは、棒で叩いたり、刀で切り刻んだりして食べる。そうすると、とても消化がいいので、良質の栄養をゲットすることができて、人間は文化を発展させたということが言われています。

つまり何を言っているかというと、さっきのコーセイ説（「噛む」ということが「食べる」ということ）、「噛む」ということが大事だって言ったよね。これは本当にそのとおりで、ちゃんと噛むことがどれだけ大切かということは、いろいろな生物学者によって言われているんだけど、実はこの「噛む」というのは、丸飲みしたら食べられないものを、胃腸で消化しやすくする行為ですよね。

だから、お母さんやお父さんに「よく噛みなさい」って言われるでしょ。僕も言われましたけど。ヘビなどはウサギの丸飲みとかしますけど、それはわれわれには不可能。ゆっくりじっくり噛むということはすごく人間的な行為です。そして、実は包丁で刻むことも、火であぶることも、あるいは蒸すことも煮ることも、全部、人間の「食べる」という行為の前哨戦というか、前触れなんですね。

で、わたしたちの胃腸は「内臓」といいますね。わたしは、この台所の火を使ったり水を使ったりする場所を「内臓の派出器官」と呼んでいます。実は台所は、人間の「噛む」こと、コーセイ説の延長にある。だから人間というものは、実は結構、動物との境界があいまいになっていて、人間的なものがぼんやりとこの台所まで拡張しているモンスターみたいになっている。で、実はここ、お尻から出たものもぼんやりとつながっている感じがしている。

## ★人間はホラーなチューブなのだ

**〈フジハラ〉** さらにいうと、人間の腸のなか、つまり小腸と大腸のなかには、たくさんの生きものが棲んでいます。コーセイさん、なんだと思う？　人間の腸のなかにたくさん生きものが棲んでいる。どんな生きものが棲んでいるか。

**〈コーセイ〉** 知らない。

**〈フジハラ〉** 知らないね。いまはなかなか知られていないんですけど、ユータさん、なんだと思いますか？

**〈ユータ〉** わからない。

**〈フジハラ〉** 棲んでいるとは思えないですね。あんまり聞いたことないですね。達兄さん、どうですか？

**〈達兄〉** 菌ですか？

**〈フジハラ〉** 菌ですよね。ではどんな菌が棲んでいる？

**〈達兄〉** 大腸菌。

**〈フジハラ〉** 大腸菌、棲んでますね。それから？

**〈達兄〉** なんか乳酸菌飲料とかに入っているようなやつ（笑）。

**〈フジハラ〉** そうしたＣＭによくビフィズス菌とかなんとか菌とか、あるでしょ。実は、わたしたちの腸には、これはシュンスケさんもコーセイさんもみんなそうだけど、一〇〇兆から一〇〇〇兆個くらいの菌が棲んでいると言われています。正確に数えた人はいないんだけど。

それから、さっき、お昼のおにぎりを握るときに、どなたか言ってくださいましたけれど、われわれの手のひらとかも、ものすごくたくさんの菌が棲んでいるんですね。だから若いころはあまりお化粧しないでね。というのは、肌にはたくさんの菌が棲んでいて、肌を一所懸命守ってくれているのに、その菌を上からベタっと塗ることによって、菌が呼吸できなくなって死んじゃうんです。そうすると肌を保てなくなっちゃうということで、常在菌という常にいる菌を大切に育ててあげないといけない。

だから、たしかに食べる前には手を洗って、きれいにするけれども、菌を恐れるあまり、あまりにもきれいに菌を消し過ぎてしまうと、人間はおなかがおかしくなっちゃうんですね。

そういう意味で、いいですか、ここは大事です。人間は、菌の棲家なんです。一〇〇兆個生きている、日本に住んでいる人口の百万倍の数の菌が棲んでいる。つまり人間は菌の乗りものであり、棲家であり、隠れ家であるわけです。そう考えると人間の食べるという行為は、とても大きな、なかなか説明しがたい、壮大なものになっているわけですね。

そこで、わたしがもし、この『食の哲学』という本を書くとしたら、この人間の壮大な「食べる」という話を三章で書いていきたい。ただし、チューブと書いちゃうと、人間はただ飲み込んで出すだけの存在か？　ということにみえちゃうんですね。

でも、大事なのは、コーセイさんが言ってくれたように、わたしたちは食べもの＝生きものを噛んで殺しているわけです。もしくは、殺しているものをさらに噛んでいる。つまり、一回人間は生きものを殺しているわけです。これをどう捉えるか。なんでわたしたちは、他の生きものを殺してしか生きていけないんだろうか。

たとえば、これは難しいんだけれども、牛の肉を食べますね。でも牛肉を食べるときに、当然、こうやって金槌《かなづち》を持っていって、牛の頭を「オリャー」って叩いて、解体して食べているわけじゃないよね。コーセイさん、食べたことある？　そうやって。殺したことある？

僕もないよ。だけど、それは誰かが代わりにやってくれて、それを食べているわけです。だから、誰かに依存しているけれども、やっぱり誰かが殺してくれないと食べられない。

だから、わたしたち人間はチューブはチューブでも、すごくホラーなチューブです。これをイメージしてほしいんですね。毎回食事のときに、何かの命に対して「ごめんなさい」と謝ってないよね。たぶん、「いただきます」って言ったときに、ちょっと謝っているかもしれないけど、すくなくともわたしは、「いただきます」って言ったときに、牛の顔を思い浮かべたりしません。

でも、やっぱり何かを殺して、獰猛《どうもう》なチューブとして、食べものを取り入れているっていうのが、わたしたちが食べる、生きるということ。だから、生きるということは殺すことなんですね。

殺すというのは、何か他の生きものを殺す。肉じゃなくても、たとえばトマト。そらさんの育てたトマト。もぎ取っているわけだよね。あれはトマトをもぎ取って、死なせているわけですよね。そうやって、あらゆる生きものを殺すことによって、食べているという、大変難しい行為を、わたしたちは食べるということでやっていることになるわけです。

三章をいままで話してきたように捉えたとすると、これで四章の「食の文化とは何か」というときに議論がしやすくなる。書きやすくなると思うんです。

文化といったのはリョウタローさんだったよね。人間が食べるという行為はそれだけ壮大なものだとして、しかも、菌がなんで棲んでいるかというと、菌にも、食べたものを消化してもらっているんです。その食べたものを消化してもらったり、食べたものを分解してもらっているおかげで、わたしたちは無事に消化できたりしているわけです。

みなさんよく、たとえば「ニンジン食べろ」とか「小松菜食べろ」とか、お母さんとかお父さんに言われるでしょ。あれはなぜかというと、棲んでいる微生物が腸で一所懸命働くためには、ある栄養素がないと働かないんです。それは何かというと、菌が棲みやすい環境をつくることです。

それは、さっきお昼の時間に食べた豚汁のゴボウにも入っています。ゴボウには繊維質、植物性の糸みたいなものがたくさん入っているので、これを食べると、繊維質は歯でも噛み切れない、飲み込んで胃酸でもやられない、小腸の運動でもやられない、胆汁でもやられないで、大腸にまで届くわけです。で、その大腸のなかで、その繊維質を分解する菌がたくさん棲んでくれるんです。そうすると、腸のなかで菌がうじゃうじゃと殖えてくれて、体が調子よくなってくるわけですね。人間は生物的にはそういう状態で、これは牛も同じです。牛には四つの胃がありますけれども、胃袋ごとに棲んでいる菌が違います。そういうものとして、食べることをもっともっと大きく考えていきたいと思います。

それからもう一つ、文化の問題にいく前にお話ししておきたいのは、菌と一緒に棲んでいるというのは、実は植物とも似ているんですね。植物というのは、ちょっとこっちを見てください。

これが大地ですね。たとえばトマトにしようか。トマトがこうなっていますよね。根が、こういうふうに張っているでしょ。根というのは、ここが太くて、さらに細かい根があって、さらに根毛《こんもう》といって小さな毛が生えてきます。最近読んだ、めっちゃ面白い本で、『土と内臓』（デイビッド・モントゴメリー、アン・ビクレー著、築地書館、二〇一六年）っていう本があるんです。

**コメント……12**

『土と内臓』は、世の中の見方を一気に変えてくれる本です。土壌内と腸内の世界が似ているという発見はとても刺激的ですが、それとは別に面白いのは、著者のひとりであるアン・ビクレーががんに侵されてから、食事を変えていくシーンです。繊維質のたっぷりある野菜をたくさん食べて、微生物の棲家を増やしてい

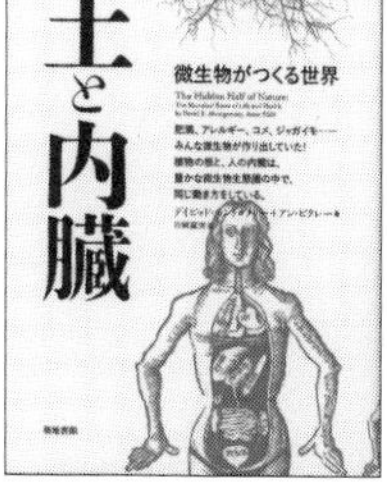

くことで、体の免疫力《めんえきりょく》を強くしようというプロジェクトは、夫でもうひとりの著者であるデイビッド・モントゴメリーの食事さえも変えていきます。いまの肉中心の食事を見直すきっかけにもなる本です。

これはアメリカの地質学者が書いた本なんですけど、どういうことかっていうと、植物は、根にたくさんの微生物に棲んでもらうために、何か汁を出しているんですね。汁を出して、たくさんの生きものを自分の周りに引き寄せている。これを根圏《こんけん》といいますが、根圏のなかにたくさん微生物を寄せつけています。これと同じことが、人間の腸でも、微生物がいっぱい寄りついて棲んでもらうために、腸で汁のようなエキスを出して、菌を飼っているんですね。こうした根圏にあたるものが発達すればするほど、非常に強い植物や、あるいは腸ができていくという話があります。

何が言いたいかというと、わたしたちが食べるということは、人間がひとりでやっていると思っているけれども、それは大いなる勘違いで、菌の力を借りて、ようやく食べているということになるんですね。

【第三の質問】

# 「食べること」は
# これからどうなるのか？

【解説】
3
フジハラから、
第三の質問について

# 食べものから噛みごたえがなくなっていく未来のこと

## ★食べることは煩《わずら》わしいことか

未来のことを考えるのは、とても心が躍る楽しいことです。たとえば、月に住むことができるだろうか、とか、リニアモーターカーの次の世代の乗りものはどんなものだろう、とか、スカイツリーよりも高い建てものはいつ、どうやってできるだろうか、とか、がんを根治する薬はいつできるのだろうか、とか、とてもワクワクしますね。

でも、食べるという行為が今後どのように変わっていくのか、そんな未来の予想はあまりなされません。「食べもの」は、「乗りもの」や「建てもの」と比べて地味な印象があるかもしれません。あるいは、人間は食べないと生きていけないから、そんなに変わることはないのでは、と思う人もいるでしょう。けれども、食べものの未来を考えることも、とくに若い人たちにとってはとても重要です。なぜなら、未来が自分たちの望むとおりに変化してくればよいのですが、必ずしもそうではない可能性があるからです。

たとえば、こんな未来だって思い描くことができます。一日一回、小さな食べものを食べて、それで一日分の栄養補給ができるという世の中です。ある食品会社の広報部の方が、池袋の本屋さんでのトークショーのあと、わたしにこんなことを教えてくれました。これさえ食べられれば一日の栄養を賄《まかな》える食品を開発したけれども、いざ試食をしてみると、とてもまずかった、と。ただし、これを理想だと考える人がいることも事実です。知人から聞いたのですが、ある集まりで、食べる体験をヴァーチャルリアリティなどの力を借りて、できるだけリアルにしようと考えている人が、その目的として「食べるという煩わしいことから人間を解放するために」と言ったそうです。食べることが「煩わしい」と考える人がいることに、わたしはとても驚きました。そして、この話を聞いて気づきました。もっと仕事をするためには、もっと経済成長するためには、ご飯の時間を削って働いてくれたほうがよい、と考える人には、こうした技術が完成するのはありがたいことなのかもしれない。人間が食べる時間を節約できれば、もっと人類の文化芸術の発展に役立つと考える人にとっても、やはり素晴らしい話なのかもしれません。食べることが数秒で終わってしまう未来。その代わり、食べる時間を、映画、読書、ショッピングなど、別の楽しいことに充《あ》てることができる未来。みなさんはいかがでしょうか。

## ★ゼリーやムースのような食事

わたしは食べることをやめて、もっと勉強時間を増やす、とか、人類の文化をより高尚なものにするとかいうことには大きな疑問を感じる人間です。

なぜかといいますと、一つは、食事みたいな楽しいことが人びとの暮らしからなくなってしまうのは、もったいないと思うからです。この楽しみを失ってまで到達すべき高尚な文化などあるのでしょうか。たしかに、わたしだって、食べることを忘れて仕事に没頭することもあります。だけれども、その仕事が終わったあとに食べるご飯はまた格別のおいしさです。わたしが単純に食いしん坊だけなのかもしれませんが、こんなに楽しいことができなくなるなんて、とてもつらいことだと思います。現に病気で食べることが難しくなって元気がなくなる人はたくさんおられます。

言語聴覚士という仕事をしている古くからの親友がこんなことを教えてくれました。鳥取の病院で働く彼は、病気になってご飯を飲み込むことが難しいお年寄りにつきそって、ご飯を嚙んで飲み込むためのお手伝いをしています。彼が言うには、胃に穴をあけて、そこからご飯を流し込む「胃ろう」という装置にするよりも、頑張って口からご飯を食べられるようになったときの患者さんはいつもより生き生きとしていた、と。それで彼は、ギターを持って高齢者のまえで歌をうたったりしながら、いい雰囲気をつくることにも労力を割いたと聞いて、自分はいい友だちをもったな、と、とても感激しました。食べることは、実は、人間が人間であるための根源的な行為だと思うのです。けれども、こういう未来はどんどん現実化しています。サプリメントの誕生や、プロテインバーなどの携帯食の発達です。ちなみに、『戦争がつくった現代の食卓―軍と加工食品の知られざる関係』（アナスタシア・マークス・デ・サルセド著、白揚社、二〇一七年）という本に書いてありますが、プロテインバーは、アメリカの軍人のために軍隊が開発したもので、戦争と密接に関わっている食品であることを補足しておきましょう。

二つ目に、こんな未来も描けるかもしれません。できるだけ早く食事が済むように、おいしい味や香りのするムースやゼリーがどんどん開発され、売られていく、という未来です。これだと、手軽だし、消化も早く、胃腸への負担も少なくなってよいかも、と思う人もおられるかもしれません。実際に、現在、すぐに食べきれるゼリー食品は薬局やコンビニなどで安く手に入れることができます。

実は、こうした未来は、すでにアメリカで求められて来ました。日本語で『家政学の間違い』（ローラ・シャピロ 著、晶文社、一九九一年）と訳された英語の歴史書があります。

**コメント……13**

『家政学の間違い』（原題は『パーフェクトなサラダ――世紀転換期における女性たちと料理』）は、アメリカの家政学の歴史を扱った本です。家政学とは、小学生や中学生が習う家庭科の大本にあたる学問とみてよいでしょう。一九世紀の中頃に家政学は産声《うぶごえ》をあげるのですが、ここには大きな落とし穴がありました。家政学者が健康改善を気にしすぎて、消化に良いものを勧め、そのレシピを開発しているうちに、アメリカの食べものから歯ごたえを

奪ってしまったのです。栄養学は献立を考えるときなどにとってとても大事なことを教えてくれますが、他方で、おいしさ、歯ごたえ、喉ごしなど、数値化しづらいことはなかなか分析ができなかった。そんな反省が込められた本です。

この本は一九八六年に出版され、現在も読み継がれています。わたしも『ナチスのキッチン』という本を書くとき、参考にした本です。一九世紀から二〇世紀にかけての世紀転換期で料理の合理化、効率化が進んでいくという内容。アメリカで、胃腸の消化を助けるために、今後はできるだけ細かく刻んでドロドロとした、噛む時間があまり必要ないレシピを開発すべきだ、という考えが、一九世紀に流行したと書かれてあります。この考えは一定の評価を得て、流動食のような食べものが普及するのを助けました。

歯ごたえをなくす動きです。実は、こうした流れもすでにあります。歯ごたえのある食べものは嫌われるようになり、噛み切りやすいもの、すぐに飲み込めるものが求められていきます。それがもっと進んでいくと、食べものはすべてゼリーやムースになってしまうかもしれません。

## ★噛むこと、共に食べることの意味

ここで思い出すのは、いまから五〇年前の一九六八年、アメリカで公開された映画『二〇〇一年宇宙の旅』です。この映画では、「ハル」という名前の人工知能のようなものが宇宙船の全システムを制御しているのですが、いま見ても本当に面白いです。この映画に、宇宙旅行中に宇宙食を食べるシーンがあります。無重力状態で食べものが浮かないように、さまざまな色彩のムースみたいな食べものがプラスチックの皿にくっついていて、それをスプーンで削ぎ落として食べるのです。お世辞にもおいしそうとは言えませんが、白くてさっぱりとしたツルツルの宇宙船の船内のイメージにぴったりとあっていました。実は、この食事は、NASA(アメリカ航空宇宙局)が映画製作のために独自に開発したものだったようです。みなさんはいかがでしょうか。

食べものから噛みごたえがなくなっていく未来。わたしは望ましいものではないと思います。噛むということは、飲み込むことでは得られない栄養を体内に取り込むために必要な行為でありますが、わたしはもっと重要な意味合いがあると思います。人間は給油される自動車ではありません。できるだけスムーズに栄養が体内に注入されることは、人間を自動車にするようなものだと思っています。しかし、人間は噛みます。脳内に血が巡ります。しかしそれだけではありません。噛むと食事中に時間が生まれます。この時間が、食事に、「共在感覚」、つまり「同じ場所に・ともに・いる」気持ちを生み出すのです。この遠回りの行為が、給油のように直接消化器官に栄養補給しないことが、人間を人間たらしめているように思えます。たとえば、食材である生きものやそれを育ててくれた農家や漁師のみなさん、あるいは、料理をしてくれた人に対して感謝の気持ちをもつことも、人間ならではの感覚だと思うのです。

食べものが一日一回で済むクッキーのようなものになること、栄養素満点のゼリーやムースになること。どちらの未来もすでに進行中の話です。では、以上の二つの未来とは違った未来はどのように描けるでしょうか。これをみなさんと一緒に考えていきたいのですが、そのまえにわたしの考えていることを少しお話させてください。

## ★無料食堂という試み

それは、歯ごたえがあって、おいしい食べものが、全部無料になる未来です。いまは、食べものの流通は一部の大企業によってコントロールされており、そうである以上、そんなことは絶対に不可能だ、と言う方もおられるでしょう。しかし、実は実現できないこともない、というのがわたしの実感です。というのも、実際に、わたしの家の近くの中華料理屋では、皿洗いを手伝えば代金は無料になります。もちろん、使用済みのお皿を何枚も洗わなければなりませんから「タダ」ではありませんが、それでもお金に困ったときにこういうお店があると、ちょっとほっとするような気持ちになるのはわたしだけでしょうか。最近は「子ども食堂」といって、夜に家族とご飯を食べることができない子どもたちが自由に入って、信じられないくらい安い値段でおいしい食事をすることができます。かならずしも無料ではありませんが、自由に入って食べられる空間は、い

シク教徒の無料食堂のようすを撮った映画『聖者たちの食卓』（配給：アップリンク）

たるところに出てきています。

インドのシク教徒の寺院には、足を洗い、頭にターバンを巻けば、宗教、性別、門地、国籍を問わず、誰でも入れる無料食堂があります。だいたいナンとカレーですが、寺院のヴォランティアと職員さんが、毎日カレーをつくり、無償で提供しています。現在、食糧はつくりすぎの傾向にあり、企業や国の倉庫で眠っています。こんな食堂が世界中に広がれば、その食糧をそこで利用するだけで飢餓はかなり減らせることができます。二〇一六年の国連の統計では、現在飢餓の状態にある人は八億一五〇〇万人と言われ、増加傾向にあるとされています。地球上の一一パーセントが飢えているのです。

もちろん、その半分以上は紛争地帯ですから、戦争を止めることが飢えをなくすために必要です。それは、とても困難な歩みです。ただ、宗教や国籍を問わないで誰でも受け入れる無料食堂の試みは、そういった歩みの難しさをちょっとずつ軽減してくれるように思います。

【対話】
3
参加者とのディスカッション

# 答えを探すのではなく、みんなの「考える種をまく」

## ★欲望の上に乗っかっているもの

**〈フジハラ〉** ここで「対話2」で示した本（九七ページ）でいうと第四章にいくわけですね。「食の文化とは何か」ってことですね。

じゃあ達兄さん、食の文化とは人間しかもっていないということが、とりあえず仮定としてあります。食というのは単なる栄養補給とは違う何かがあるんじゃないか、と言っていたけど、どういうところが違うと、いまの段階では考えていますか？　間違ってもいいし、そもそも正しいも間違いもないので。

**〈達兄〉** ついさっき思いついたんですけど。二章の「動物の『食べる』と人間の『食べる』の違いと一緒で、要は人間の三大欲求、性欲、食欲、睡眠欲ってあるじゃないですか。それと同じように、衣食住がある。その衣「食」住はもっと文化寄りで、三大欲求の「食」欲は完全に生物寄りなんです。食という同じ字を使っていますけど、たぶん意味合いが違うと思って。

共通点はあるけど、あくまで三大欲求のほうの食を満たしてから、文化としての食が生まれる。だから、なんだ、結局は共通点があるどころか、ほぼ一緒だけど、上に乗っかっている。

**〈フジハラ〉** 上に乗っかってる感じ。

**〈達兄〉** 生物的なものの上に、文化が乗っかってる。

**〈フジハラ〉** そうか。もう少しそれをわたしなりに補足すると、性欲、食欲、そして睡眠欲という、本当にこれがないと生きていけないという、駆り立てられるような欲がありますね。われわれはそういう欲を飼いならしているわけだけど、その欲というのは、とても生物的で、だけど、その上に乗っかっているものはある意味、欲とは違う。

**〈達兄〉** うーん、たぶん。欲が満たされて、初めて文化が……。

**〈フジハラ〉** 初めて文化というのはできるんじゃないか。すごく難しいね。小学生には、一見難しいように見えるけれど、でもたぶん、いま、達兄さんが言ってくれたのは、大変重要なことです。欲の部分と文化の部分というのは、欲という土台があってできるんじゃないか。

**〈達兄〉** じゃないと、発生しえない。

**〈フジハラ〉** ケイさんどうですかね？　いまの話を自分なりに考えてみると……。

**〈ケイ〉** たしかにそう。欲求を満たそうというのが、文化に変わっていくんじゃないかというのは、たしかにそういう感じがします。それはもう、全部の欲求に対してそうなっていく。

**〈フジハラ〉** いま、大事な動詞を言ったね。欲求が文化に変わっていく。どういうふうに変わると、欲求は文化になるんですかね？

**〈ケイ〉** もっと自分に合ったものを求めるようになっていったら、そこから……。

**〈フジハラ〉** 自分に合ったもの、自分に適応させていくものを求めていくうちに、それは文化へと変わっていく。深いね。なんか深い話になってきたな。どうしようかな。もうわたしひとりの力では手に負えなくなってきているな。そらさん、どう？

**〈そら〉** 文化っていうのも、とりあえず欲求のときは、みんなとりあえず何か（ここにせんべいがありますけれども）、食べたいと思って、みんな同じ方向を向いて、「とにかく食べたい」というのが、文化というより体の欲求で、みんな同じ方向を向いてるけど、それがある程度満たされたら、それぞれ、たとえばドーナツがいいかせんべいがいいかということが分かれてくるんじゃないか。そしたらそれぞれで分かれていってはじめて文化っていう感じがする。

**〈フジハラ〉** ああ。つまり、いまの三人の話をまとめると、われわれはペットフードを食べない、ということかな。たとえば、ある政治家が出てきて、これからシュンスケさんは毎日、「人間フード」というのを食べなければいけないと命令される。パラパラしたカリカリしたやつを、朝から晩まで食べなければいけないことになる。おなかが減るから食べざるをえない。だけど実は、本当はシュンスケさんは食べたいものがあって、カレーとかハンバーグとか、「食べたいなぁ」ってものがいろいろあるんだけど、とりあえずはお腹減ったら食べざるをえない。わたしたち全員が「人間フード」を食べてるんじゃないということは、つまり、単に「食べたい」だけじゃなくて、欲求の上乗せみたいな部分が何かあるんじゃないかというところを、いまの三人は言ってると思うんですよね。

## ★完全栄養の食品はすごくマズい?

**〈フジハラ〉** で、実際によくこれ、話をするんですけど、わたしが、『ナチスのキッチン』

という本のトークイベントで池袋でお話したあと、ある食品企業の広報の方がやってきたんです。で、僕に話した内容がとっても面白いんですけど、あるとき、「これを食べたら一日の栄養素を全部摂れるよ」という食べものをつくってみたんですって。なんでそんなものを開発したのかはいまもわからないけれど（笑）、「これさえ食べれば大丈夫」という食品を開発した。これは点滴によく似ているんだよね。これさえあればとりあえず生きていける。で、これを会社のみなさんで食べたそうです。どんな味がしたと思います？　おいしそう？

**〈シュンスケ〉**　いろんな栄養が混じってて、ゴチャゴチャしそう。

**〈フジハラ〉**　ゴチャゴチャしてる感じだよね。リョウタローさん、どう思う？

**〈リョウタロー〉**　食べられるけど、「うーん」みたいな。ぜんぜんおいしくない。

**〈フジハラ〉**　ぜんぜんおいしくないイメージがある。いま、お二人が的確に言ったように、その食品企業の人が言ったのは、「ものすっごい、まずかったです」って。だから、ゴチャゴチャ全部つめようとしたら、それ自体、確かに栄養素としては、飲み込めばなんとかなるけど、食べる喜びとか楽しみとかはことごとくなくなっちゃうわけね。だから、これ一個でなんでもＯＫの食べもの、栄養補助食品を朝昼晩食べる人もたまにいるけど、わたしはちょっと無理なんですよね。それから、宇宙食ってあるでしょ。最近はだいぶレトルト食品がよくなったらしいんですけど、やっぱりあれをずっと食べ続けるというのは、なかなか難しいです。ドロドロしたものとかね。

それを人間は確かに食べられるんですね。さっき言ったように、人間がチューブだとしたら、チューブとして入れて出すことはできるんだけど、どうやらそれだけではないと。何かこう、食べる喜びとかうれしさとかがある。そこの部分がたぶん、食にとっての文化なんですね。

じゃあ、みなさんにとって、具体的に、食べたときに「おお、これは文化だ」「これは人間にしか味わえない食べものの喜びだ」と感じることはあると思うんだよね。

コーセイさん、なんだと思う、それ？　たとえば、あなた自身の経験から言って、何かそういう、なんでも入っている栄養素ではなくて、それ以外のものを感じられたときってどういうときですか？

**〈コーセイ〉**　えー？　普通に、栄養とかそれほど考えずに、栄養は偏ってるかもしれないけど、自分にとってはめちゃくちゃおいしいもの。

**〈フジハラ〉** ああ、なるほど。たとえば、どんなの？

**〈コーセイ〉** え、だからそれこそ、フライドポテトとか。

**〈フジハラ〉** フライドポテトを朝昼晩食べてたら、たぶん栄養素足りないよね。だけどそれが、栄養とか関係なくおいしいと思えるときがある。いま、彼は深い話をしてるよね、けっこう。

つまり、フライドポテトは、みなさんが親になればわかるけれども、できれば朝昼晩食べてほしくはない(笑)。塩分とジャガイモと油だけで、ほとんど炭水化物と脂質なので、たまに、サッカーで優勝したときくらいなんだよ。やっぱり食べてほしいのは。でも、ただしそれを食べたいと思う自分もいるわけだよね。栄養的に偏っていても。その、なんていうかな、さっき誰かが言ってくれたよね、「食べたい」という強い思いが過剰になる瞬間みたいなものがあったときに、文化が出てくるんじゃないかっていうことだよね。

アヤさん、どう？　どういうときに、「栄養じゃないな」って感じますか？　たとえば、岩手県で食べた前沢牛のステーキとかは違うよね。

**〈アヤ〉** 愛情みたいな。

〈フジハラ〉 愛情。食べたときに、一緒に愛情が感じられるよね。たとえばわたしがいただいたトウモロコシも、孫に何か面白い思いをさせてやる、というおじいちゃんのたくらみみたいなものが感じられて、孫としてはその気持ちがうれしくなりますね。食べものというのは、たしかに栄養素としてみれば点滴のようなもので、それはどの生物もそうなんだけれど、それにプラス、何か気持ちがあったりすれば、栄養が偏ってても「食べてみたい」という強い思いをもたらすものになるわけです。

そうすると、もし『食の哲学』という五〇〇円の本を書くとしたら、だいぶ下書きの下書きくらいまではいま、できてきたかなあと思っています。

## ★見せるために食べる

〈フジハラ〉 ただし問題は、あらゆる本は、単に書くだけじゃダメなんですね。その本のどこが自分にとって大事か。たとえば、読者にとって、わたしたちがいまここでいろいろ考えたことが、自分の身近な家族でもいいし、学級の友だちでもいいし、そういう他の人たちにとってどれだけ大事かということを伝えなきゃいけないんですね。

で、そのときには、よく新書で使われるのは、「オビ」というものです。わかりますか？本についてるでしょ。「稀有の哲学書、ついに執筆！」みたいなことが書いてあると、「おぉ、読もうかな」みたいになる。そこの部分をもう少し考えていこう。

つまり、どうしてこの食の哲学、食を深く考えていくことが必要なのかということを、たぶん、「はじめに」と「おわりに」で書いていかないと、いま、考えた内容だけを一所懸命書いたとしても、読者には伝わらないですよね。なぜか。わかりますか？

いまここではけっこう深い話ができたけれど、ほとんどの場合、ここにいる以外の人たちというのは、食べることに無関心な人が多いですよね。あるいは、食べることに対して、普段はわたしもそうだけど、食の研究者としては恥ずかしいことだけど、五分で食べちゃうこともあります。仕事が忙しすぎてバクバクと食べて終わっちゃうこともあるわけですね。問題は、そんな人たちに、いま話したことをどう伝えていくか。あるいは、そういう人たちはいったいどうして、食べものについて考えることをしないんだろうかということを、やっぱりわたしたちは考えなければいけない。ユータさん、どう思うかな？　なんで、みんな食べものに関心が向かないんだろう、いまの社会の人たちは。

〈ユータ〉それよりももっとやりたいこと、したいこととかがあるから。

〈フジハラ〉やりたいことっていうのは、どういうことがあるのかな。食べる以外。食べるって、こんな楽しいことはない、こんなにうれしいことはないのに、それ以外にどんなことがあるだろう？　答えはないから、なんでもいいよ。

〈ユータ〉やりたいことというより、やらなければならないことがある。仕事とか。勉強とか。

〈フジハラ〉勉強するよね……偉いね。勉強するときに、食べものを忘れることがありますよね。食べものなんて考えないで、目の前の勉強やらなきゃやって思いますよね。

ケイさん、どういうとき？　どうして人々は、食べることに関心をもたないと思いますか？

〈ケイ〉食欲とか、おいしいものを食べたいっていう欲求に勝る、別の欲求がある。

〈フジハラ〉たとえばどんな欲求？

〈ケイ〉面白いことをしたいとか。生活を満たしたい。食以外で。

〈フジハラ〉食以外で生活を満たしたい？

〈ケイ〉カッコよくなりたいとか。

〈フジハラ〉カッコよくなりたい（笑）。俺もなりたいなあ。

**〈ケイ〉** そういうような欲求のほうが勝っちゃってると、食べることより。

**〈フジハラ〉** ……ってことになるね。じゃあ、たとえば、あなたの世代で、どういうところにエネルギーを割いてる？　カッコよくなりたいというのは一つだと思いますけど。

**〈ケイ〉** 見た目とか。

**〈フジハラ〉** ああ！　見た目をよくしたい。

**〈ケイ〉** みんなに見られたときに「きれいなものを食べてるね」っていうほうにいっちゃってたりとか。

**〈フジハラ〉** 食べてるんだけど、そっちじゃない。自分の食としての喜びというよりは……。

**〈ケイ〉** 自分が食べているものが、〝いいもの〟なんですよ。「あ、こいつ、お金持ちなんだ」っていうふうに見られる欲求を満たそうとしちゃってるから、食べもの自体への関心が低い。

**〈フジハラ〉** ああ……深いねえ。食べものに関心がある、けど、その関心の向きが違う。いまさあ、話が矛盾するようだけど、テレビでいっぱい食べものの番組あるよね。タレントがおいしいもの食べて「うまいー」とか叫ぶ系の番組多いですよね。たぶんいまのケイ説では、そういったものは、実は食べものの真の欲求じゃなくて、何か自分をカッコよく見せたいという別の欲求のあらわれじゃないかということを言ってくれたね。達兄さん、「うんうん」ってうなずいてたけど、どうですか?

**〈達兄〉**「インスタ映え」ですよね。

**〈フジハラ〉**「インスタ映え」。ちゃんと説明してください。食の哲学だから説明しきろう。

**〈達兄〉**もうそのまんまで、他人から注目を受ける、どのように見られるかっていうのが、ありとあらゆる行動にでている。インスタグラムで、おいしいラーメンとか、スイーツみたいなのを写真で撮って載せて、要は他の人に「ああ、この人はこういうものが好きなんだ」「こういうものを食べられるんだ」「こんなおいしいもの食べてるって、なんか通だな」とか〝思われたい〟っていう欲求。

**〈フジハラ〉**つまり、僕たちがおいしいと思って食べてるのは、実は……。

**〈達兄〉**実はそっちではない。

**〈フジハラ〉**インスタ映えとか、他人を意識しながら、『食べログ』(グルメサイトの一つ)で評価が三・五だから、きっとおいしいラーメンを食べてる俺は」なんてね。ああー、欲望が逆方向に行っちゃってるという説なんだね。どうですか?

**〈そら〉** いろいろ話は混ざっちゃうんですけど、みんなまわりの影響があって食べてるから、たとえば、今日、夜ごはん何をつくるかっていったら、たとえば親が「クックパッド」(献立を紹介するWEBサイト)を開くじゃないですか。で、あれで「こんなおいしいのができました」とかいったら、それをつくったりするじゃないですか。

**〈フジハラ〉** するするする。

**〈そら〉** あれも別に、自分が本当にそれを食べたいかどうかはわからない。あんましそっちを「食べたい食べたい」ってなんか思っていない。「今日、何が食べたい?」って聞かれて、「今日はこれ」ってすぐ答えられないじゃないですか。なんでこうなんでしょうね。毎日何が食べたいっていう欲求をもって生活しているわけではない。みんな、他から見て、「じゃあ、今日はこれを食べようか」って思って食べて、「ああ、おいしいかな」みたいな感じ。

**〈フジハラ〉** なるほど。いま、さらに複雑な話になっているのがわかるよね。ちょっと目線を変えようか。「おわりに」のところを、なんていうんでしょう、「食べることと食べさせられること」あるいは「食の欲望とは何か」という感じでもっていけるよね。

つまり、わたしたちは、いまの三人のすばらしい連携プレーだったけど、食べているけど実は食べさせられているんじゃないか。自分は食べていると思っているけど、常に他人からの目線を浴びながら、それはインターネットという道具を通じて、「ここのフレンチを食べてる俺はカッコいい」と思われたい。で、カシャッと写真をとるわけですよね。でも、本当にこのフレンチを食べたかったら、カシャッとしている間に冷めちゃうじゃない。すぐ食べたほうがおいしいわけですね。でも、カシャッと、わたしもたまにするんで（笑）、あんまり人の批判はできないんだけど。みなさんは、食べものの写真撮りますか？

**〈アヤ〉** 見栄えがいいときは。

**〈フジハラ〉** やっぱり見栄えがいいときは撮る？　どう？　撮る？

**〈ユータ〉** あんまり撮らない。

**〈フジハラ〉** 君は意見が独立してていいねぇ（笑）。こういう人がいないと、本は面白くならないよね。リョウタローさん、撮りますか？

**〈リョウタロー〉** いやまったく撮ったことないです。

**〈フジハラ〉** 分かれるねぇ。まったく撮ったことないの？　なんで撮らないの？　たとえば、友だちとか、撮るじゃない。お母さんとかよく撮らないの？

**〈リョウタロー〉** いや見たことないです。

**〈フジハラ〉** お母さんも撮らないの？　なんで撮らないの？

**〈リョウタロー〉** 意義を感じないっていうか。

**〈フジハラ〉** はぁ、意義を感じない。

**〈リョウタロー〉** それってなんの意味あるのかって疑問に思う。

**〈フジハラ〉** なるほど、なんでこんなことやっているんだろうと。

**〈リョウタロー〉** 疑問に思う。

**〈フジハラ〉** そうか。達兄さんは？　撮ることある？

**〈達兄〉** そんなに撮らない、ほとんど撮らない。

**〈フジハラ〉** ケイさんは撮る？　どういうときに撮る？

**〈ケイ〉** 時々撮る、また食べたいとき。

**〈フジハラ〉** あ、記録として。また食べたい。きれいなときにも撮るよね？

**〈そら〉** 記録として。たとえば、「おいしそうだな」って思って、とりあえず撮っておいて、あとで別にいらなかったら消せばいいかなって。

**〈フジハラ〉** でも、おいしかったものは。

**〈そら〉** 残しとくけど。

**〈フジハラ〉** そうか。

**〈そら〉** それは、人にどうこうというよりは、自分で撮っておいて、半分記録みたいな感じですね。

**〈フジハラ〉** 面白いね。なるほど。「記録として撮る」「見栄えがいいから」「みんなと共有したいから撮る」「絶対撮らない、意義を感じない」。いろいろ分かれましたよね。

いま、実は、全世界でカメラ付き携帯が普及しているんですけど、SNSにあがる写真の半数は食べものらしいですね。どうやら、誰かに見せたい。誰かと食べている気持ちを共有したい。あるいは、この食べものを食べているわたしを認めてほしいっていう、そういう別の欲求が、食べものを選ぶときに、その決定を促してしまっている。

## ★食べものは感覚や欲望の交差点

**〈フジハラ〉** しかも、それは別に悪いことではなくて、食べものの欲望というのは、たぶん、いろいろな欲望の絡まり合いみたいなものであって、その絡まり合いとして食べものをいただいている。だから、たまに写真を撮ってきれいだなと思ったり、おいしいという以前に見栄えがいいと思ったり、いろんな気持ちや欲望が絡まり合うものなんですよね。

実際、たしかに、食べものを捉える感覚というのは……あ、そうだなこれはシュンスケさんに聞こう。ものを食べるときに、人間はどういう器官を使いますか？ あるいは、感覚を使いますか？ たとえば一つだけ言うと、「味覚」ってありますよね。ベロの。味覚が大事だと思うんですけど、他にどういう感覚を使いますか？

**〈シュンスケ〉** 僕は、食べる前に、「これはどんなにおいかな？」って。

**〈フジハラ〉** まず嗅覚だよね。においを感じますね。コーセイさんは？

**〈コーセイ〉** パンを食べるときだったら、硬いのかなとか思って手にとって、なんかパリっとやって、触ってみたり。

**〈フジハラ〉** 触ってみたり、パリっとやったり。これ、触覚ですね。触覚と嗅覚。そうね、あとアヤさんは？

**〈アヤ〉** 視覚。

**〈フジハラ〉** 視覚だよね。さっき言ってたように、見栄えが大事だよね。視覚も使う。嗅覚も使う。触覚も使う。あと、聴覚も使うよね。たとえば、テレビ番組などで、パリパリとかチュルチュルとか、喉越しがいいとか、音を使った食べものの表現って多いと思うんですね。だから、あらゆる感覚を使って、食べものを感じているわけです。

さっきのパンの話ってすごく面白かったんだけど、パンも、歯で触覚を味わう前に、まず手で触って、どんなカタチかな、どんな柔らかさかなって思いながら食べてるって大事だよね。それくらい、食べものっていうのは、いろんな感覚の交差点なんですよ。いろんな感覚の交差点だし、あるいは食べものをつくっている人、農家の人……人間の交差点でもある。

みなさん、さっき牛の話をしたけど、牛丼を食べる前に、牛を殺している人をイメージしないでしょ。でもあれは、すっごい技術でちゃんと牛を殺してくれる人がいるから、食べることができるわけです。ご飯を食べるときに、稲刈りをしている人の気持ちってなかなか感じないけど、あれは刃物によって稲を殺している人がいるから、わたしたちは生きて、今日こうやっておにぎりを食べることができているわけです。魚だってそうですね。漁師さんがいて、魚をいっぱい殺してくれるから、わたしたちは魚をおいしく食べられる。マグロのトロが食べられるわけです。

そういうふうな、いろいろな人間の絡み合いとか、食欲だけじゃない欲望の絡まり合い、あらゆるものの交差点である食べもの。そして、生物学的にも、われわれは犬や牛のような生きものを飼って、生きものと一緒に食べているという意味では、いろいろな生きものが交わる、ちょうど信号機のある交差点のようなものとして食べものはあるということですね。

ここまで根本に立ち戻って、いま、ここでなされたような、食べものとは何かということを考えることって、なかなかありません。そこで、みなさんに注文したいのは、できればこれを、みんな一人ひとりが、この『食の哲学』の著者になって書いてほしいわけ。

ただし、いきなり書いてすぐに出版社が「はい、出します」ということはできないので、文章の修業がもちろん必要なのですけれども。ただし、その文章を修業する場所はいろんなところにあります。だって、みなさんが通っている小学校、中学校、高校というのは、文章の修業の場でもあるので、こういうことは簡単です。

いっぱい食べろよ
この海苔をたくさん売るぞーー！
脱サラしてラーメン屋になった。
がんばるぞ！
食べものに込められた思い
自分の感覚
五感
味覚……おいしい
嗅覚……にんにく とんこつ など
おいしそうなにおい
視覚……キレイ
SNS映えしそう
触覚……やわらかそう
もちもち
聴覚……チュルチュル
パシャ

で、もし書いたら、自分でいろいろなところに送ってみてください。原稿用紙二〇〇枚、たかが二〇〇枚ですよ。二〇〇枚書いて、先生や親に読んでもらう。または、封筒に入れて、どこかの出版社に送って、「この本を出してください」「これはいままでにない本です」という手紙を添えて送ってみて、感想をもらう。

あるいは、大学生になったときに、大学の先生に見てもらう。「こういう本を書いてみました。これ本になるでしょうか」と。たぶん、九九％、ダメだと言われると思うんだけど（笑）、それでも、誰かに伝えたい、という思いは絶対に失わないでほしい。この本を自分の名前で書いてみたり、あるいは、本を書くのが苦手だったら、『食の哲学』という映画を撮って、いま、スマホで映画撮れますから、撮ってもいい。あるいは映画も苦手だったら、写真集。今日話したような、食とは何かということを考えるために必要な写真を一〇〇枚集めました、ということで、自分でアルバムをつくって、保存しておいてもいい。どんな表現でもいい。料理人になって、今日話した内容がお客さんにちゃんと伝わるような食べものをつくる。それで「レストラン　食の哲学」という店をつくってもいいし、なんでもいいんだけれども、みなさんがそれぞれの立場で、それぞれの表現をやってほしいなと思います。

## ★最後に一言ずつ感想を

**〈フジハラ〉** 時間が来ましたので、最後にみなさんに感想を言ってもらって終わるということにします。今度は逆にいきましょうか。ユータさんからぐるっとまわって、今日の感想なり、あるいは今後どうやって食べものと向き合っていきたいかということでもいいですし、自由に話して、それで終わりにしましょう。じゃあ、ユータさん。

**〈ユータ〉** 食べるというのは、いままでは生きるための行為の一つにすぎないかなって思ったけど、食べることによって、感情とかそういう……むずかしいな、そういう行為による結果みたいなのを考えていきたいなと。

**〈フジハラ〉** ユータさんは、今日、すごくいいポジションに立ってくれました。やっぱり「動物と人間というのはそんなに差がないんじゃないか」という問いがあったおかげで、われわれが「そうかもしれない」とか「いや、違うんじゃないか」という議論が出ましたよね。こういう意見の対立を自分自身のなかでもつくれるか、が重要なんですよ。自分のなかでそういう疑問を、つまり、〝フジハラ内ユータ〟をつくれるかどうか。これが本当に哲学の大事なところなんで、よかったとおもいます。

〈アヤ〉　食べるということがいろんなところにつながっていて、畑からスーパーに行って、台所に行って、食べて、というつながりがすごく広くて、なんか食べるってことが深いなって思った。普通にしていたら深く考えずに食べちゃうので……。

〈フジハラ〉　最初に言っていたよね。

〈アヤ〉　いろんな人が食べることについて考えられるようになったらいいなって思いました。

〈フジハラ〉　そうだね。「普通に食べているときは、食べもののことを忘れちゃう」という話を最初にしてくれたんだけど、それがいろんな人に伝われば伝わるほど、食べものってもっと大切にされると思う。つまり、一番大きな問題は、日本も世界もそうなんだけれども、食べものがいま、大量に捨てられているわけ。ものすごい大量に捨てられていて、これだけでアフリカ大陸のサハラ砂漠以南の飢えている人を救えるくらい、日本人は捨てているんですね。でももし、あなたが言ってくれたように、いろんな人に、食べものってこんなに奥深いものだよってことを伝えれば伝えるほど、ひょっとしたら食べものが捨てられる量が減っていくかもしれない。それはあなたが世界を変えることになると思うんですよね。はい、ありがとうございます。じゃあ、シュンスケさん。

**〈シュンスケ〉** いままであまり、食べものについて深く考えてなかったけど、今回、ここに来て、食べもののつながりっていうのを、ちゃんと考えられてよかったなと。

**〈フジハラ〉** ありがとう。とても小学生とは思えない発言が出てですね、わたし、いたく感激しました。やっぱり、小学生は哲学者だなと思いましたし、今度から中学校だよね。ぜひ、この思考、考えることをやめないでほしいと思いましたね。じゃあ、リョウタローさん。

**〈リョウタロー〉** 食べものについては、自分がおいしいとか、ただ食べるだけという感じではなかったんですけど、この話し合いを通して、食べものがいろいろな方向に、人と人とか、それ以外のものとかをつないでくれているんだなということがわかって、もっと食への感謝を伝えられたらいいなと思いました。

**〈フジハラ〉** いま、たいへん大事な言葉が出ました。「感謝」という言葉がありますね。感謝というのはたぶん、お母さん、お父さんだけじゃなくて、いろんなものに感謝というのが当てはまると思うんだけど、これはある意味、食べものへの、なんというかな、基本的な感情です。「ありがとう」という思いというのは。で、外国語でいちばん最初に覚える言語って、だいたい「ありがとう」なんですね。だから、そういう意味で、すごく原初的な、一番最初の問題として、感謝というのは大事。リョウタローさんは今日、すごくクールな発言をしてくれたけど、おかげですごく落ち着いた議論になったと思いますし、最後にいいキーワードをもらいました。じゃあ、コーセイさん。

**〈コーセイ〉** 食べものを食べるということは何かを殺して食べているということだから、その食べものを残しちゃったりすると、人が殺しておいてその死を無駄にしているということになっちゃうから、そのことを考えてちゃんと食べられるようになりたい。

**〈フジハラ〉** そうだよね。殺していることは否《いな》めないんだよね。殺していることからは逃げられないけど、せめてしっかりちゃんと食べようということを考えようと思ってくれたこと。コーセイさんはとてもステキだなと思いましたし、やっぱりすごい根源的な答えと質問をしてくれて、もちろん、お母さんのフライドポテトの話から、ここまで深まったというのも、最年少だけど、すごく言葉を深く真面目に考えようとしてくれたおかげで、議論になったと思いますね。じゃあ、達兄さん。

**〈達兄〉** 今日、この場で、「食べる」というたった一単語で、人間の本当に根源的な行動なんだけど、やっぱり掘り下げてみると深いっていうのが、この場で確認できてすごくよかったです。自分はまだまだですけど、小学生が本当にすばらしい意見をね、言えちゃう、深まっちゃうというのが、素晴らしい。本当に素晴らしいです。

**〈フジハラ〉** だよね。だいたいゼミをするとね、議論をリーディングしてくれる学生さんが出てくるんですけど、今回はたぶん、達兄さんが基本的に議論の潤滑油の役割を果たしてくれたおかげで、小学生もわたしもしゃべりやすかった。たぶん、いまの議論というのは、フジハラがつくった議論ではなくて、ここにいるみなさん全員でつくった議論なので、これはやっぱり、みんなそれぞれいい役割を果たしていたと思うけれども、なんというかな、話しやすい空気をつくってくれたのは、やっぱり達兄さんの貢献かなと思っていました。じゃあ、ケイさん。

**〈ケイ〉** 食べるという行為は、人間のからだだけじゃなくて、心みたいなところに、ちゃんと密接にかかわっていて、すごい面白いなというのと。この一つの行為だけで、人間がどこまで成長させられているかというのがわかって、面白かったです。

**〈フジハラ〉** そうですね。やっぱり食べものの深さっていうときに、ケイさんの発言っていうのは、基本的に言葉がとっても、いや、概念が深いですね。彼の使う言葉というのは、単になんていうのかな、パッと思いつきの言葉じゃなくて、よく噛み砕かれた言葉を使うから、それを概念っていうんですけど、なんか新しい概念をいつもパンパンと提供してくれたおかげで、食の哲学も、少しレベルの高いものになった気がしますね。本当にすばらしい議論をしてくれてありがとう。よかったと思います。はい、じゃあそらさん。締めだよ（笑）。大丈夫だね。

**〈そら〉** なかなか（笑）。最後のほうに、欲望が絡まり合ってる、という話に落ち着いていったんですけど、最初のトマトの話に戻るんですけど、自分の栽培している畑は、面積が田んぼ一枚分くらいあるんで、ある程度、商業的になっているわけです。そうすると、トマトをもぐとき、どちらかというと「食べたい」という欲望でとっているというよりかは、「金になるな」という欲望でとっている（笑）、というのもあったわけですよ。

**〈フジハラ〉** そういう欲望もあったよな（笑）。

**〈そら〉** そういうことも考えながら、いろいろと話をさせてもらったんですけど、金になるっていう欲望がダメかって言われたら、それは全然ダメじゃないけども、食べたいというほうが、どちらかというと「命を大切にしましょう」というところには、食べたいという欲望のほうが近いというか、大切だと思うんですよ。

なので、自分で野菜をとるときも、もうちょっといろんなこと深く考えて、人に売るときも、売る相手に対してもいろいろ伝えていけたらなと思います。短い時間のなかで考えさせられました。

**〈フジハラ〉** トマトを種から育てているという話は本当に、この議論のスタートとして素晴らしかったと思うし、そらさんのしゃべりというのは、なんていうのかな、止まらないんですよね。話していても、畳みかけるように話をかぶせてきてくれるから、われわれも、なんていうんだろう、「あ、そらさんも言ってるけど、自分もこんなこと考えてたな」ってことを誘発してくれる。そういうふうなしゃべり方をしてくれたので、今日はとてもやりやすかった。

みんなそれぞれが個性をもっていて、その個性がうまく活かせて、食の話ができたと思っています。

今日は「食の哲学」という、およそ初めてですね、一二歳から一八歳までという年齢差でゼミをするのは、たぶんこれはもう死ぬまでないと思うんです（笑）。最初非常にドキドキしましたけれども、なんとかなるもんですね。これはおそらく、わたしの力はまったく関係なくて、みなさんの持ち場での個性の発揮の仕方だったと思います。達兄さんがさっき言ったように、小学生の二人がやっぱりまたすばらしかったですね。そもそも大学のゼミでこれだけ堂々と発言するというのはなかなか難しいと思うんだけど、本当に基本的な言葉を大切に使ってくれたおかげで、根本的なことを考えられたと思うんです。

繰り返しますけれども、今日の議論には答えはありません。答えを探すことが目的ではなくて、みんなに「考える種をまく」ということが今回の目的だったので、そういう意味では、今日の目的は達せられたかなと思います。

今日のような話し合いのときに一番重要なのは、教員とあなたたちという関係ではないんですね。つまり、今日、一番よかったのは、わたしの話についてよりも、みんなの話を他の人が聞いていたということなんです。大学のゼミでよくあるのは、「先生とわたし」という関係になっちゃって、他の人がしゃべっている内容にぜんぜん興味をもたない。これは絶対にダメです。これは、まったくなんの教育効果もない。他人に興味をもちながら話ができた。

これは食べものというテーマがもっている可能性であるとともに、最初はお母さんに無理やり連れてこられたかもしれないけれど（笑）、みなさんそれぞれの個性が、みなさんそれぞれのキャラがよく立っていたから、こういうふうな感じになったかなと思います。

で、今日いただいたお話をわたしなりにもう一回咀嚼《そしゃく》して、なんらかのかたちで本にまでもっていきたいと思いますけれども、おそらくそういう気持ちに自分がなってきたのも、みなさんのおかげだと思っています。

ぜひ、後ろで見ておられた会場のみなさんも、この参加者の小学生から高校生に、大きな拍手をお願いできればと思います（拍手）。どうもありがとうございました。じゃあこれで終わります。おつかれさまでした。

アフタートーク――

# からだに耳を澄ます

## ★座談会を終えて

本書は、二〇一八年三月二七日の一一時から一四時まで、東京・東新宿のパルシステムの本部で開催された一二歳から一八歳までが加わった座談会の内容に、新たにコラムやコメントを書き加えたものです。

本書の対話1〜3の部分は、当日の生き生きとした座談会の雰囲気を消さないために、内容はもちろん口調も含めて、できるかぎり変更せずに掲載しました。当日参加した方からは、「参加者の真ん中に火がパチパチと燃えていて、それを囲んで話しているうちに、共同性の原初みたいなのが生まれる幻想を覚えた」という感想があったように、参加者の目に野性味が蘇《よみがえ》るような、不思議な空気が漂っていました。うまく言葉にできないのですが、みんなの呼吸の速度が徐々に速まり、心臓音が少しずつ高まっていくような古代の祭りのような経験でした。

それは、参加者のみなさんの食べものへの熱い思いゆえのことだったかもしれませんし、会場を提供してくださったパルシステムのみなさんがつくってくださった具沢山《ぐだくさん》のお味噌汁、あるいは、みんなでつくったおにぎりがそうさせたのかもしれません。ただ、一つだけ言えることは、参加者の鋭い目にわたし自身が気圧《けお》されそうになって、それに立ち向かうために相当のエネルギーを消費したことです。

ここでは、そうした心地よい疲労感にひたりながら、自分のこれまで辿ってきた研究の再点検と、この座談会の持ちうる射程について、編集者の阿部道彦さんと阿久津若菜さんから二〇一八年八月三一日に京都の研究室で受けたインタビューをもとに考えてみました。

## ★BSEと鳥インフルエンザの衝撃

座談会の参加者のみなさんはみんな若い頃から食べものに関心があって驚いたのですが、実はわたしは大学生のころ、あまり食べることに関心がありませんでした。体育会のソフトテニス部に所属し、「とにかく食べろ」と先輩に言われていたので、大盛りでご飯を食べさせてくれる定食屋に行っては、「腹をふくらませる」というのがわたしの食事スタイルでした。

正直なところ、朝練があると早朝に食べるのがしんどくて、栄養補給のゼリー飲料とかコンビニのおにぎりとかを買って朝ご飯を済ませることも少なくありませんでした。学生時代は、いまの自分なら真っ先に批判しそうな、あまり内容のよろしくない食事をとっていたわけです。とともに、簡易な食事で済ましてしまう働く人々の気持ちはいまでもたいへんよくわかります。

そんななかで、食べものが重要な問題だと気づいたのは、当時「狂牛病」と呼ばれたBSE（牛海綿状脳症）や鳥インフルエンザでした。わたしたちが普段食べているものがどのように食卓に届くのかということを、全然知らない。それどころか興味さえなかった。ですが、高校から大学時代にかけてこれらが大きな社会問題になって、どうやらわたしたちの日常に恐ろしいことが起こっていると気づいたのです。BSEに関していえば、牛乳をできるかぎり搾り出すために、「肉骨粉」という、牛を材料にした非常に不自然な食べものを牛に食べさせている。鳥インフルエンザに関しても、おいしくいただくはずの膨大な数の鶏が、防護服を着た人々に消毒液をかけられて地中に埋められてしまう。衝撃的な光景でした。これはいつか、人間社会は動物の世界からしっぺ返しをくらうぞと思いました。

　これに対して、日本政府はBSEに関しては全頭検査、つまり、一個一個牛肉がどこ由来かということを明らかにするということをやった。鳥インフルエンザに関しては、各地方自治体ごとに感染が起こった場合の徹底したマニュアルをつくって、関係者に号令をかけて、すぐに封じ込める作戦を実施した。これは日本では結構評価されていましたが、全然問題の解決になっていない、と感じました。

　たとえこうした対策が完璧に実施できたとしても、肉や牛乳をできるだけ効率よく生産するための畜産のシステムは変わっていないし、そのためにたくさん薬を投与したりホルモン剤を打ったりすることまではメスが入れられていない。鳥インフルエンザに関しても、鶏が飼育ゲージの中で、ぎゅうぎゅうに詰められて卵を産み、最後は足が骨折するほど弱った段階で肉になっていることは変わらない。「わたしたちの食べものというのはこういう問題を起こしているんだ」と気づかされたという意味で、あの二つの事件は忘れられません。

## ★わたしたちの世界の根底にある飢えへの恐怖

　わたしの学生から院生までの研究テーマは、食より農業が先で、農業技術や農業思想の歴史をずっと研究していました。食には関心がありつつもずっと後景に退いていました。博士論文のテーマは「ナチス・ドイツの有機農法」ですが、そこには食というテーマも出てきますが、本格的には論じられていません。ナチスの一部が強い関心を抱いたルドルフ・シュタイナーのバイオダイナミック農業も、実は食の問題とも関係していて、研究を掘り下げていけばそこにつながったはずなのに、わたしはあまり関心がなかったのです。食が歴史の重要な要素だと思うようになったのは、研究していくなかで「飢え」の問題に直面したときからです。

今回参加した小学生や中学生、高校生のみなさんのほとんどは、おそらく飢えを経験したことはないと思います。わたしもありません。でも、わたしたちのおばあちゃん、おじいちゃんの世代までは食べものがなくて苦しんでいて、わたしたちはいま、食べものを捨てても誰にも何も言われないような時代を生きていますが、それは例外だということに歴史を研究して気づくわけです。わたしたちはたまたまこういう時代に生きているだけで、第一次世界大戦も第二次世界大戦も、現代史の基調はずっと飢えとの戦いだった、いやそれどころか、人類史の歩みはずっと自分とその仲間が飢えないための営みだとさえいえます。

それから、時間だけでなく空間としてみても、日本という場所は非常に特殊であって、世界的に見れば現在でも、飢えている人口が七億人から八億人いるわけです。つまり、わたしたちは運よく飢えない世界に生まれ落ちただけであるということに歴史を研究するなかで気づいていくわけです。

「飢えない国家」というのも、何かを犠牲にしないと不可能です。たとえば、「平成の米騒動」のときには、米が足りなくなって、結局東南アジアのインディカ米を買い叩いて緊急輸入しました。あのとき小さな飢えが東南アジアで発生していたのです。日本は金で食料を買いあさる。そういう日本のふるまいを冷静かつ批判的に見るためにも、わたしたちは食べものの歴史を知らなければならないのです。今回の座談会を通じて参加者のみなさんが、インターネットで検索しているだけでは身につかない、批判の構えのようなものをもってくれることを期待しています。

## ★現代の日本にも飢えはある

よく考えると、中高生が親しんでいるもののなかにも「飢えへの恐怖」は探せるはずです。たとえば、二〇一八年に亡くなった高畑勲さんのアニメ映画『火垂るの墓』を見れば、子どもたちに戦争のしわ寄せがいく姿がリアルに描かれている。戦時中、子どもたちが飢えとたたかいながら生きていたことを、いまでもアニメから知ることができるわけです。

それから、俳優の風間トオルさんが『ビンボー魂――おばあちゃんが遺してくれた生き抜く力』(中央公論新社、二〇一六年)という本を刊行し、その内容をテレビでも語っています。風間さんは川崎市出身ですが、一〇歳までにお父さん、お母さんと生き別れているんですね。それからは、おじいちゃんとおばあちゃんの年金とおばあちゃんのパチンコの稼ぎだけで暮らしていたという時代を、彼は小・中・高と経験しているんです。

風間さんは、大変貧しかったので、お風呂はなかった。石けんを持って自分が服を着たまま洗濯機の中に入ると、泡がぶくぶくになる。そうすると、からだも洗えるし服も洗えて一石二鳥になる。それから、唯一まともな食べものが給食だった。学校給食をいっぱい食べて腹をすかせないようにしていたけど、一番つらかったのは給食のない夏休み。それから、中学になると給食がなくて弁当になる。彼はどうしたかというと、昼食時間になると校庭に行ってベンチに座って、そこらへんにある草を食べていた。彼は、どの草に毒があるかだいたいわかっていて、タンポポの草とかを食べて飢えをしのいでいた。高度経済成長期を経て、日本がジャパン・アズ・ナンバーワンと言われるような時代に至ったその時期に、彼はそういうふうに飢えを経験しているわけです。

日本は高度経済成長を遂げて立派な国になったと言われているけど、よくよく見ると本当は満足に食べられない人々はたくさんいた。それをわたしたちは見ていないだけなのです。二〇〇六年四月から五月にかけて、北九州市で相次いで三人が餓死でなくなる「門司餓死事件」。そのうちのひとり、独り暮らしの男性が「おにぎりを食べたい」という言葉を書き残して餓死した事件は衝撃的でしたけれど、この事件は、日本は餓死者のいる国であることを最も悲惨なかたちで人々に知らしめました。そう考えると、参加者のみなさんの周りにも当然、食べものに困っている人はいたわけですし、いまもいるわけです。食べものについて学ぶことは、このように、社会全体が「見えないようにしている」ことを見ること、そして、そのような眼力を鍛えることでもあるのです。

## ★趣味から歴史に入る

今回の座談会では、それぞれ「考えること」や「勉強すること」の楽しさを感じてもらうことも密《ひそ》かな目標でした。

受験勉強はたしかにとても苦痛でした。でも、いまわたしは大の勉強好きです。小学生からおじさんになるまで、いまだに勉強から卒業できていません。高校までのスパルタ式の覚えさせられる勉強は「与えられる勉強」でしたが、いまは自分でクリエイトできます。勉強の面白さをつかめない人たちの気持ちはよくわかるんですけど、幸いにも図書館というものが各大学にあり、本屋もある。大学って、自分が関心をもったことに対してどんなことでもヒントを与えてくれる装置なのです。

わたしは、大学生に「趣味は全部、歴史学の勉強の題材になるよ」ということを伝えているんです。学生のなかにはバンドをやっていたという人が結構多いんですけど、当然この経験は人類の長い音楽史のなかに位置づけられますし、そこまで広げなくても、たとえばロックというテーマで歴史を再構成することもできるんです。

わたしみたいに食いしん坊な人間は食べものから学問のジャングルに分け入ることができるし、若い人の頭を悩まし続ける性の問題とか恋の問題というのも、それだけ見ても膨大な蓄積が図書館に眠っているわけです。恋愛をして結婚をして子どもをつくるという当たり前だと思われているモデルは、近代にできた恋愛・結婚モデルにすぎなくて、お見合いとか、自由な意思がない結婚はずっとあったわけで（それが本当に不自由なのかどうかもわからないですけど）、自分がいま抱いている恋愛観・結婚観は実はつい最近できたばかりだったということに気づくのです。

これはいまからでも始められます。たとえば、思いついたものがあれば、「この歴史を調べたい」と近くの図書館のカウンターに相談してみてください。レファレンスの方は必ず調べてくれて、こんな本やあんな本があるよと教えてくれます。歴史の研究材料は意外と身近なところに転がっているのです。

## ★あたりまえのことを問い続けるスリリングさ

座談会では「哲学」となんども口走っていますが、恥ずかしながら、わたしは哲学研究者ではありません。まったくの素人だけれども、周りに優秀な哲学研究者がいるものですから、そういう人たちに哲学を教えていただいている「書生」です。最初わたしは哲学が嫌いでしたが、座談会でも話しましたように、大学四年生のときにエルンスト・ブロッホという哲学者の本を読んだことがきっかけで、哲学への見方が変わりました。

大学に就職してからはカント、ハイデガー、ベンヤミン、アドルノの哲学書を同僚たちとドイツ語で読みました。哲学ができる友人が、たとえばハイデガーの『技術論』を読んでいるうちに、「わかった、フジハラ君。ハイデガーがここで言っているのはおそらく、宮崎駿のアニメでぷくぷくっと地面から泡が出てくる感じよ」と言ってくれて、なんだか急に楽しくなってきたんですね。

哲学の世界というのは決して無味乾燥なものではなくて、あらかじめ頭に入っていることをいったん全部取っ払って、まったくの素っ裸の脳みそで対象と向き合うような感覚です。これは結構クセになります。

とりあえず考えたい対象について、一つひとつ誰でもわかる説明を積み上げていくのが哲学の始まりであることは間違いない。哲学も実は訓練が要るわけで、とくに物事を論理立てて考える整理力と持久力が必要です。とはいえ、哲学には何億円もする巨大な実験装置は必要ない、白い紙と鉛筆があればできる。その敷居の低さはやっぱり魅力的です。頭がふやけてくるぐらい同じ概念について考える喜び。わたしが大学で学んだのは、哲学というよりはむしろその発端みたいな、準備運動でさえもなかったと思うんです。普段わたしたちが当たり前と思っている、生きることとか寝ることについて、それって何だろう、なぜ、どうして、どういう意味？　ということを、まさに幼稚園の子どものようにずっと問いつづけていくというのは、スリリングな知的エンターテインメントなんだということに気づいたのです。それで、今回の座談会は、その「さわり」みたいなのをやってみたということになります。

## ★子どものほうが哲学の近くにいる

今回、わたしは十代の参加者の発言から知的興奮を受けました。知的興奮は学問の基本、極めて原始的な動物的な感覚だと思います。

子どもたちの芯にある感情は実はシンプルで、かつ子どもたちは大人の意図も見抜いています。大人が大した興奮もしてないのに子どもにやらせようとすると、子どもたちはそれに気づくんですよ。大人が必死になって、目をきらきら輝かせて興奮してやっていれば、子どもも自然にこんなに面白いのか、と入ってくるはずなんです。

「勉強しなさい」という親や先生が勉強を楽しくなさそうにしか語っていないのは、やはり問題だと思います。大人も学問に目覚めて鼻息荒く本を読んだり、調べものをしたりしていれば、勉強が楽しいことが伝わるかもしれません。

しかも、おそらく大人よりあの座談会の参加者のほうが哲学に近いところにいます。つまり、わたしたちはあまりにも大人になり過ぎて、社会的なルールを所与のものとして考えるようになっている。だけど、哲学というのは基本的に制限がないので、たとえば「なぜ人を殺してはいけないのか」という問いも当然成り立つ。「なぜ時間を守らなきゃいけないのか」「なぜ校則を守らなきゃいけないか」「なぜ大学に行かなきゃいけないか」「なぜわたしはいま高校に通っているか」とか、リミットがないんですよ。

## ★「人間とは何か」という山への登り方

今回は「食とは何か」という問いでしたが、同じことが食でなくてもできます。家に帰ってみて疑問に思ったことに、同じようにＷＨＹやＷＨＡＴやＨＯＷを突きつけていく。

「いい話ができてよかったね」ではなくて、オープンエンド、問いを開かないといけない。今回の試みは、「みんな目が輝いていたね」で終わる話ではなくて、ここからしんどいけどそれを補ってあまりある喜びが待っている、というプロローグ。ただ、スタートとしてはいいスタートを切れたということだと思います。

たとえば、今回は「文化」が突如としてキーワードに浮上し、人間と動物の食は同じか違うかという議論がでました。それは「人間とは何か」というわたしたちがつねに頭を悩ませてきた問いにつながる。その問いに向かう一つの登山口になります。その登山道を歩きながら、人間が食べることと動物が食べることはどこが違うのかという問いをぜひ続けてほしい。

わたしも問い続けていて、まだ答えが出ていないですけど。

食べることは点滴とどう違うかという話題もでました。それを突き詰めていくと、自然にいまの食の不自然さに気づいてくると思うんですね。そこまでいかないでもとりあえずは、ふだんわたしたちが何げなく口にして飲み込んでいるものは、自分のペットが食べているドッグフードとどこが違うのかという問いは実は難問です。

学問の面白いところは、登山口は違っても頂上が一緒だということだと思います。登るスタートや道筋や装備は違うんですけど、根源的には、歴史的にわたしたちが問うてきたことというのは、わたしの生きているこの世界とは何かとか、その世界をとらえようとしている

「わたし」とは何かとか、自己と他者との関係はどうなっているのかとか、誰もが頭を悩ませてきたことにつながっていきます。学問の面白さは、宗教も性別も超えて登りたい山、あるいは山の連なり、それはみんなにとって共通だというところではないでしょうか。

こうした暗黙の了解があるからこそ、違う分野を研究している人たちでも、話したときに人間的な共感、シンパシーをもてる。わたしも今回参加者のみなさんと、きっと同じ関心をもってくれる、同じ山を眺めている、という期待とともに出会ったわけです。

## ★身体感覚を伴う問いの大切さ

座談会の初めには、先生という役割と生徒という役割をもってその場にいましたが、最後のほうにはそれも崩れ始めてきました。問いの前に人間は平等だからです。知識には差はありますし、経験値も違います。厳しいけれども、それは認めざるを得ない。ただ、問いの前、言うなれば、学問の神様の前ではみなさん当然平等です。脳細胞がどんどん増えていく小学生も脳細胞が死んでいくばかりのおじさんも、真理の前ではもうひれ伏すしかないのです。

わたし自身は『給食の歴史』(岩波新書、二〇一八年)を書いているときも、論点の一つは飢えだったので、「ああ、そうか。いつまでたってもこの問題から逃げられないな」という気がしました。トラクターの歴史の本『トラクターの世界史――人類の歴史を変えた「鉄の馬」たち』(中公新書、二〇一七年)を書いていたときも、これで飢えへの問いから逃れられるかなと思ったけど、結局ウクライナの飢えと関係していましたし。

わたしは飽きっぽいので、できるだけ新しいことをやりたいと思うんですけど、いつまでたっても同じ問いが背後からついてくる、そういう感じです。基本的に考えていることがそこなんでしょうね。もっと難しい問題を考えている人はいっぱいいるけれど、わたしの脳みそではどうもそういう問いが立てられない。飢えは究極的なからだの状況だから、恐ろしいほどに身近に感じられるからかもしれません。

身体感覚をなおざりにしたまま論理に突っ走る研究者も少なくないですけれど、わたしは歴史研究でも身体感覚は重要だと信じています。ツイッターができないのもそこなんですよ。身体感覚のない言語のつながりがどうしても信じられなくて。そのへんは古臭い人間ですね。言葉なんてしょせん音の振動ですから、振動する空気の共有がないと。

座談会の昼休みにみんなでおにぎりを食べました。これも身体感覚の共有だったと思うんです。結構打ち解けましたよね、みんなで。ご飯粒が頬にくっついてそれをなめる感覚とか、手のひらじゅうにご飯粒をつけてにぎったこととか。それが議論のベースになるのですね。

そもそも初発の問いというのは、言葉にならない怒りとか、喜びとか、悲しみとか、からだに根ざした感情が必ず伴っています。初発の感覚抜きの冷静な叙述は、緊張感がなく、訴える力も弱い。

ただ注意しなければならないのは、その感情は何かと思考を邪魔するということ。なぜかというと、純粋にあるものを見たいと思ったときに、そういった感情があると、本来はこうあるべきだった自分にとって不都合な真実が見えなくなるんですね。ここからは訓練で、心は熱いままで、頭はできるだけ冷静に、予見が入らないようにものを見る。わたしも、冷静にアウシュヴィッツ強制収容所でどういうことが起こっていたか見ている自分を発見します。心はいつも泣きそうですけど、研究で泣いたら負けだと思っているので、そこは淡々とノートを取る。それだけでも、きっと読者はわたしの心模様を気づいてくれるかもという、漠然とした期待を抱いて研究しています。でも、それでも耐え切れなくなって、わたしはしばしば「あとがき」がつい沸騰してしまうのですが。

感情との関連で、食べものについて論じるとき、食べることの幸福を語るだけのものになりやすいのも問題です。そうではなくて、つらさとか切なさみたいな、言葉で割り切れないところですね。食べものを語っていると、「多幸症」になるっていうんですか、全て世の中見えちゃったみたいな、悟りの境地になるんですけど、それは間違っていて、そんな簡単に悟っちゃやだめなんですよ。そのへんを食べものの研究ではしっかり見定めていきたい。

最近のわたしのキーワードは「切なさ」なんですけど、二〇世紀史というのは、いろんな人たちの「切なさ」を踏み台にしてこうやって進歩してきた。そこから取り残されたもの、落ちこぼれたもの、取り外されたもの、スクラップされたもの、そういうものがきっとわたしや参加者の身体感覚にも残っているはずです。

座談会に参加した十代の人たちの目の端に野性味が宿り、口元に知的興奮の跡をみつけることができたのは、やはり、この身体感覚が期せずして共鳴したからだと思います。みなさんもぜひ、日頃酷使している自分のからだの音に耳を澄まし、からだが発するメッセージを誰かと共有してみてください。そうすればもう、永遠にクリアはできないかもしれないけれど、この上ない知的快楽をもたらしてくれる学問の世界から抜け出せなくなるでしょう。

**著者紹介**

# 藤原 辰史（ふじはら たつし）

1976年、北海道旭川市生まれ。島根県横田町（現・奥出雲町）出身。2002年、京都大学人間・環境学研究科中途退学。京都大学人文科学研究所助手、東京大学農学生命科学研究科講師を経て、現在、京都大学人文科学研究所准教授。専門は農業史。
著書『ナチス・ドイツの有機農業』（柏書房　2005年　2012年＝新装版）、『カブラの冬』（人文書院　2011年）、『ナチスのキッチン』（水声社　2012年　2016年＝決定版、共和国）、『稲の大東亜共栄圏』（吉川弘文館　2012年）、『食べること考えること』（共和国　2014年）、『戦争と農業』（集英社インターナショナル新書　2017年）、『トラクターの世界史』（中公新書　2017年）、『給食の歴史』（岩波新書　2018年）、『分解の哲学』（青土社　2019年）など。
第1回日本ドイツ学会奨励賞、第1回河合隼雄学芸賞、第15回日本学術振興会賞、第41回サントリー学芸賞を受賞。

**デザイン**　**庄司 誠**（ebitai design）
**イラスト**　**堀 道広**

★ かんがえるタネ ★

食べるとはどういうことか

**世界の見方が変わる三つの質問**

---

2019年3月1日　第1刷発行
2024年4月25日　第6刷発行

---

著　者　藤原　辰史

発行所　一般社団法人　農山漁村文化協会
〒335-0022　埼玉県戸田市上戸田2-2-2
電　話　048(233)9351（営業）　048(233)9376（編集）
F A X　048(299)2812　振替00120-3-144478
U R L　https://www.ruralnet.or.jp/

ISBN978-4-540-17109-3
〈検印廃止〉

DTP制作／(株)農文協プロダクション　印刷／(株)新協　製本／根本製本(株)
定価はカバーに表示
乱丁・落丁本はお取り替えいたします。